教育部中等职业教育专业技能课立项教材

旅游大类

高星级饭店运营与管理专业

餐饮服务与管理

（第二版）

主　编◎崔梦萧　陈海凤
副主编◎林　奕　林文冰

CANYIN FUWU
YU GUANLI

中国人民大学出版社
·北京·

图书在版编目（CIP）数据

餐饮服务与管理 / 崔梦萧，陈海凤主编. --2 版
.--北京：中国人民大学出版社，2024.4
教育部中等职业教育专业技能课立项教材
ISBN 978-7-300-32404-3

Ⅰ. ①餐… Ⅱ. ①崔… ②陈… Ⅲ. ①饮食业 – 商业服务 – 中等专业学校 – 教材 ②饮食业 – 商业管理 – 中等专业学校 – 教材 Ⅳ. ① F719.3

中国国家版本馆 CIP 数据核字（2024）第 000232 号

教育部中等职业教育专业技能课立项教材
旅游大类 · 高星级饭店运营与管理专业
餐饮服务与管理（第二版）
主　编　崔梦萧　陈海凤
副主编　林　奕　林文冰
Canyin Fuwu yu Guanli

出版发行	中国人民大学出版社		
社　址	北京中关村大街 31 号	邮政编码	100080
电　话	010-62511242（总编室）		010-62511770（质管部）
	010-82501766（邮购部）		010-62514148（门市部）
	010-62515195（发行公司）		010-62515275（盗版举报）
网　址	http：//www. crup. com. cn		
经　销	新华书店		
印　刷	北京瑞禾彩色印刷有限公司	版　次	2019 年 2 月第 1 版
开　本	787 mm × 1092 mm　1/16		2024 年 4 月第 2 版
印　张	12.5	印　次	2024 年 4 月第 1 次印刷
字　数	282 000	定　价	49.00 元

前　言

本教材自2019年2月出版发行后，受到同行和使用本教材的教师、学生的高度认可。2024年，编写团队对教材进行了内容上的修订。修订后的教材深入贯彻党的二十大精神，落实立德树人根本任务，推进习近平新时代中国特色社会主义思想进教材、进课堂、进头脑，全面落实课程思政要求，力求成为培根铸魂、启智增慧、适应时代要求的精品教材。本教材凸显职业教育类型特色，着重于配套资源和数字化建设，以典型工作任务为载体，体现了产业发展的新技术、新规范、新标准。本教材在编写时主要体现以下理念：

1. 尽量减少冗长拖沓的文字描述。本教材对于所述知识尽量以简约的文字道出重点，减少冗长的描述。对于中职生来说，精简版的知识更加符合其阅读喜好。

2. 采用视觉冲击力强的图片吸引学生。本教材在技能篇、服务篇、礼仪篇中插入大量技能操作的真实图片，这些有针对性的彩色图片冲击力强，能让学生耳目一新，吸引学生的注意力，增强学生的学习动力。

3. 恰当运用图表，使知识一目了然。本教材尽量将知识图表化，使知识一目了然，让学生清晰了解内容要点，准确掌握所学内容。

4. 把专业技能训练和实践有机融合在教材中。本教材在实操方面设置任务描述、任务目标、任务准备等环节，环环相扣，技能训练体系完整，任务明确，目标清晰。此外，通过情景导入、案例讨论、拓展延伸、温故拾遗等栏目使整本教材形式多样，内容更加丰富，实现知识与技能的有机融合。

5. 让阅读成为悦读。为了让学生学中乐、乐而学，本教材在基础篇设置课堂悦读栏目。所选内容生动有趣，符合中职生的喜好，并与所在任务知识紧密相连，在增添趣味的同时，也让学生了解更多的相关知识。

本教材由崔梦萧、陈海凤、林奕、林文冰四位老师编写。其中崔梦萧、陈海凤担任主编，林奕、林文冰担任副主编。在编写过程中，得到了中山温泉宾馆的大力支持与配合，在此表示万分感谢！本书基础篇及技能篇中的项目一、三、五、六由崔梦萧编写；管理篇和服务篇中的项目一、二、三、四、五由陈海凤编写；技能篇中的项目二、四和服务篇中的项目六、七由林奕编写；礼仪篇由林文冰编写。全书由崔梦萧统筹。

本教材总体结构合理，条理清楚，定位准确，实用性突出。在教材的编写过程中，编者借鉴了大量的出版物与网络资料，在此向相关作者表示诚挚的谢意。由于编者水平有限，如有错漏，恳请专家、同行不吝赐教。

Contents

目 录

基础篇

技能篇

服务篇

礼仪篇

管理篇

基础篇

1. 在了解餐饮基本构成的基础上，熟悉现代餐饮文化体系分类与中国餐饮文化的特点。

2. 掌握餐饮服务与餐饮管理知识，为后面技能篇、服务篇、礼仪篇、管理篇的学习打下良好的基础。

知识一 走进餐饮

2023年上半年全国餐饮市场收入同比增长21.4%

国家统计局2023年7月17日发布的数据显示，1—6月全国餐饮收入为24 329亿元，同比增长21.4%；限额以上单位餐饮收入为6 230亿元，同比增长23.5%。6月全国餐饮收入为4 371亿元，同比增长16.1%；限额以上单位餐饮收入为1 134亿元，同比增长15.4%。

据中国烹饪协会分析，1—6月全国餐饮收入、线上餐饮收入增速分别比上年同期上升29.1%和31.3%，餐饮收入增幅领先社会消费品零售总额增幅13.2%，全国餐饮收入总规模超过2019年同期。6月全国餐饮收入、线上餐饮收入增速分别比上年同期上涨20.1%和17.6%，餐饮收入占社会消费品零售总额的10.9%。

中国烹饪协会认为，2023年上半年，随着客流恢复，促消费政策持续发力，各地消费季蓬勃开展及“夜经济”渐入佳境，多样化、特色化餐饮消费供给不断丰富，餐饮消费需求得到明显释放。元旦、春节、清明节、劳动节、儿童节、端午节等节假日也持续掀起餐饮消费的小高峰，餐饮市场迎来强势复苏。进入暑期，跨城出行人数大幅回升，继续带动各地餐饮消费增长。

1. 2020—2023年中国餐饮市场总体情况是怎样的?
2. 你认为未来两年餐饮业会发生什么变化？

知识描述

一、“餐”“饮”释义

餐，形声字。部首：食。本义为吃饭。主要字义：（1）吃，如餐具、餐厅；（2）饮食，如早餐、西餐；（3）量词，如一日三餐。

饮，会意字。部首：饣。饮同飮，飲，甲骨文字形，右边是人形，左上边是人伸着舌头，左下边是酒坛（酉），像人的舌头伸向酒坛饮酒。饮，本义为喝。主要字义：（1）动词：喝；（2）名词：喝的东西。

二、餐饮的变化

随着社会进步发展、生活水平提高和物质生活不断丰富，人们的餐饮观念、餐饮食材及餐饮习惯都悄然发生着变化。

（一）餐饮观念的变化

在旧社会，生活贫困，大部分人用餐是为了果腹，为了满足生存的需要。随着物质生活的丰富，人们收入增加，吃饭逐渐变成生活的一部分，人们在满足温饱的同时更多关注用餐的质量，享受用餐的过程。而现在，吃饭在解决温饱、享受生活的同时，也成为一种交友、商务、情感、解决问题的平台。餐饮观念正实现“生存→生活→升华”的转变，如图 1–1 所示。

图 1–1　餐饮观念的变化

（二）餐饮食材的变化

古时候，由于生产能力低下，用餐原材料有限，只有达官贵人可以接触到丰富的食材，绝大多数老百姓的餐饮食材是简单匮乏的。

从茹毛饮血到能吃到烤熟的食物，再到丰富多样的食材，餐饮食材正经历简单到复杂的多元性变化。昆虫、藻类、可食性野生植物、人工繁殖的野生动物等各种餐饮的原材料都已经出现在人们的餐桌上，如图 1–2 所示。

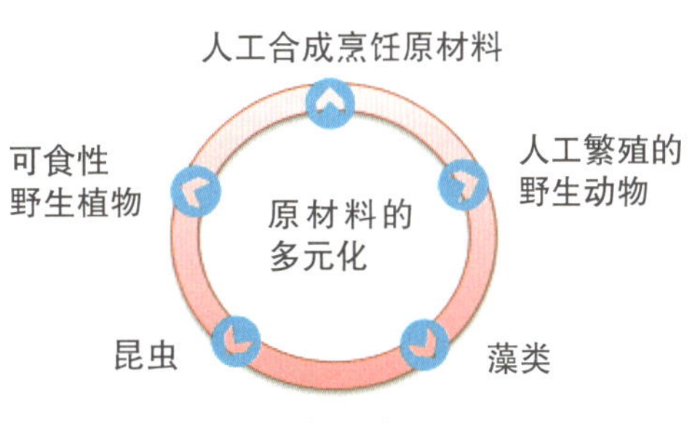

图 1–2　餐饮食材的变化

近几年，人们对健康越来越重视。在饮食上控制动物脂肪摄入量、增加新鲜蔬菜和水果的比例以及选用健康的用餐食材，已成为现代人的餐饮共识。餐饮食材正经历“简单→丰富→健康”的变化。

（三）餐饮习惯的变化

传统就餐习惯围桌而席，就餐形式比较正式。而现代随着人们生活节奏的加快，餐饮活动更强调方便与快捷，外卖开始进入千家万户的生活。此外，现代人在就餐餐次、就餐场所以及就餐支付方式等方面都发生了变化，如表 1–1 所示。

表 1-1　餐饮习惯的变化

餐饮类型	餐　次	场　所	支付方式
传统餐饮	多数：一日三餐 偶尔：一日二餐	主要场所：家 次要场所：餐厅	现金、刷卡
现代餐饮	少食多餐 辅食：零食、小吃	主要场所：家 次要场所：农家乐、风味餐厅	现金、刷卡、 支付宝、微信支付

课堂悦读

“一日三餐”的起源

据记载，秦汉之前一直是“一日食两餐”，而三餐仅用于军中犒赏。在秦代，“皇族”一天三餐，“官贵族”一天两餐，民间一天就一餐，绝不能违反，否则会招来杀头之祸。汉朝之后，王公贵族开始在早上加一餐，这就是早餐的起源。

随着社会不断进步发展，物质生活越来越丰富，人们地位日益平等，现在大部分地区都“一日三餐”，有的还“一日四餐”。但在北方一些地区，冬天仍有“一日两餐”的习惯，一般在 9:00 左右第一次就餐，16:00 左右第二次就餐。

温故拾遗

开放题

根据你的观察，谈谈你身边的餐饮发生的变化。

知识二 餐饮组成

买 酒

11 月 11 日这天，对于张先生一家人来说是个重要的日子，因为张先生的老师要来家里做客。得知老师要来家里，张先生一大早就让妻子去买酒买菜。张太太对买菜很熟悉，但在买酒方面，却遇到了一些麻烦。

服务员：“请问需要什么酒呢？白酒还是红酒？”

张太太：“白酒吧！”

服务员：“那您大概想要什么度数的，高度还是中度的？”

张太太：“这……”

服务员：“或者说您想要什么香型的酒呢？”

张太太：“不懂啊！”

服务员：“要不您就说说，您大概想要什么价位的酒吧！”

张太太：“什么价位？我也不确定！”

张太太急忙打电话询问丈夫，可张先生的电话一直处于无人接听的状态……

1. 如果你是张太太，买酒前要做哪些功课呢？
2. 你了解中国的名酒吗？

知识描述

从字面上来看，餐饮包括“餐”与“饮”两个部分。餐主要是指吃的，包括菜肴、面点；饮主要指喝的，包括酒、茶和饮料。所以整体来看，餐饮主要是由菜肴、面点、酒、茶、饮料几部分组成的。

一、餐的组成

（一）菜肴

1. 中国菜系的划分

菜系是指在选料、切配、烹饪等技艺方面，经长期演变而自成体系，具有鲜明的地方风味特色，并为社会所公认的中国菜肴流派。早在明清时期，我国就形成了“鲁、川、苏、粤”四大菜系。四大菜系各具特点，具有浓厚的地域色彩。后来在“四大菜系”的基础上又增加了徽（安徽）、浙（浙江）、闽（福建）、湘（湖南）四个菜系，形成“八大菜系”。此后增加京、沪菜系，称“十大菜系”，现在又增加豫（河南）、秦（陕西）菜系，称为“十二菜系”。

2. 中国的八大菜系

中国饮食文化源远流长，博大精深，制作方法和手段极为多样和讲究，常见的烹饪方法有煎、炒、炸、烧、蒸、烩、熘、焖、烤、氽（cuān）。鲁、川、苏、粤、闽、浙、湘、徽八大菜系因地理、人口、习俗的不同在组成、特点、烹饪方法、代表名菜四个方面也各有不同，如表 1–2 所示。

表 1–2　中国的八大菜系

菜系名	组　成	特　点	烹饪方法	代表名菜
鲁（山东）菜	济南菜、青岛菜、孔府菜	调味醇正，口味偏咸鲜，具有鲜、嫩、香、脆的特点	以爆、扒见长，擅用酱、葱、蒜调味	糖醋鲤鱼、德州扒鸡、葱爆羊肉、九转大肠、葱扒海参
川（四川）菜	蓉派、渝派盐帮菜	以麻辣著称，多用花椒、辣椒、胡椒、鲜姜和豆瓣酱等	小煎、小炒、干烧、干煸	回锅肉、鱼香肉丝、夫妻肺片、麻婆豆腐
苏（江苏）菜	淮扬菜、江宁菜、苏锡菜	以河鲜、海鲜为主，风格雅丽、形质均美	炖、焖、煨、焐	松鼠鳜鱼、常熟叫花鸡、无锡排骨、盐水鸭、太湖银鱼
粤（广东）菜	广州菜、东江菜、潮州菜	选料广博奇杂，口味以清淡为主	炒、炸、扒	脆皮乳猪、白云猪手、糖醋咕噜肉、三蛇龙虎会
闽（福建）菜	闽南菜、闽西菜、福州菜	使用红糟调味，擅长制汤，擅用糖醋	炒、蒸、煨、熘、煎	佛跳墙、淡糟香螺片、鸡茸金丝笋、醉糟鸡
浙（浙江）菜	杭帮菜、宁波菜、绍兴菜、温州菜	鲜嫩、软滑、精细，鲜咸合一	炒、炸、烩、熘、蒸、烧	西湖醋鱼、东坡肉、龙井虾仁、西湖莼菜汤
湘（湖南）菜	湘西山区风味、湘江风味、洞庭湖风味	一是辣，二是腊	蒸、炒、炖	腊味合蒸、冰糖湘莲、麻辣仔鸡、吉首酸肉
徽（安徽）菜	皖南菜	重油、重色、重火攻	烧、炖、蒸	无为熏鸡、屯溪臭鳜鱼、八公山豆腐、清蒸石鸡

（二）面点

1. 面点概述

面点，北方人习惯称之为“面食”，南方人习惯称之为“点心”，为了兼顾北方和南方的习惯，取“面食”和“点心”的第一个字“面”和“点”合在一起，形成统一称呼——面点，这就是“面点”名称的由来。

面点，有中式、西式面点之分。

中式面点源于我国的点心，简称中点，它是以各种粮食、畜禽、鱼、虾、蛋、乳、蔬菜、果品等为原料，再配以多种调味品，经过加工而制成的色、香、味、形、质俱佳的各种营养食品。

西式面点简称西点，主要发源地是欧洲，它是以面、糖、油脂、鸡蛋和乳品为主要原料，辅以干鲜果品和调味料，经过调制、成形、装饰等工艺制成的具有一定色、香、味、形的营养食品。

2. 中式面点流派

一般来说，中式面点主要分为三大流派：京式、广式、苏式。京式面点，以北京为代表，擅长制作面粉类点心，具有鲜明的北方风味特色。广式面点以广州为代表，最早以民间的米制品为主，后又汲取北方面点和西式面点的元素，具有独特的南国风味。苏式面点起源于扬州、苏州，发展于上海等地，以苏州为代表，具有种类繁多、花色美观、制作精细等特色。

二、饮的组成

（一）酒

1. 酒的定义与功效

酒是一种用粮食、水果等含淀粉或糖的物质，经过发酵制成的含乙醇的饮料。

酒的功效大致可以归纳为：使人精神振奋、刺激食欲、消除疲劳、加快血液循环、促进人体新陈代谢等。

适量饮酒有益身体健康，而在酒会、宴会、聚餐等场合，举杯祝酒，更能活跃气氛、增进友谊。

2. 酒的分类

（1）按照酒精浓度不同，酒可分为低度酒、中度酒和高度酒，如表 1–3 所示。

表 1–3　按酒精浓度分类

名　称	酒精含量	代表品种
低度酒	<20%	香槟酒、葡萄酒、低度药酒、黄酒
中度酒	20% ~ 40%	竹叶青酒、白兰地酒
高度酒	>40%	茅台酒、五粮液、汾酒

（2）按照生产工艺不同，酒可分为蒸馏酒、发酵酒（酿造酒）和配制酒，如表 1–4 所示。

表 1-4　按生产工艺分类

名　称	代表品种	酿制方法
蒸馏酒	中国白酒、威士忌、金酒、白兰地、朗姆酒、伏特加	原料发酵后再进行蒸馏
发酵酒（酿造酒）	黄酒、啤酒、葡萄酒	原料发酵后直接提取或采取压榨法获取
配制酒	露酒、各种药酒、味美思、比特酒、茴香酒、波特酒、雪利酒	以原汁酒或蒸馏酒作为基酒，与酒精或非酒精物质进行勾兑，兼用浸泡、调和等多种手段调制而成

（3）按特点不同，酒可分为白酒、黄酒、啤酒和葡萄酒等。

1）白酒。

白酒是以谷物或其他含有丰富淀粉的农副产品为原料，以酒曲为糖化发酵剂，以特殊的蒸馏器为酿造工具，经发酵蒸馏而成。白酒的度数一般在 30 度以上，属于高酒精含量的烈性酒。该酒无色透明，因此称为白酒。

中国白酒从口感和香气上可分为酱香型、浓香型、清香型、米香型和兼香型 5 种类型，如表 1-5 所示。

表 1-5　按白酒的口感和香气分类

香　型	特　点	代表品种
酱香型	酱色突出，酒体醇厚	贵州茅台酒
浓香型	芳香浓郁，清爽甘洌	四川泸州老窖、宜宾五粮液
清香型	清香醇正，余味爽净	山西杏花村汾酒
米香型	米香突出，香气清淡	广西桂林三花酒
兼香型	兼有两种以上主体香型	湖北白云边酒

2）黄酒。

黄酒，也称压榨酒。主要是以糯米和黍米为原料，通过特定的加工酿造过程，利用酒曲（红曲、麦曲）浆水中的多种真菌、细菌等微生物的共同作用而酿造成的一种低度原汁酒。绝大多数黄酒色泽金黄或黄中带红，没有经过蒸馏，酒精含量低于 20%。

黄酒的种类繁多，按照国家标准中黄酒的原料和酒曲来划分，可分为糯米黄酒、黍米黄酒、大米黄酒和红曲黄酒，如表 1-6 所示。

表 1-6　按黄酒的原料和酒曲分类

原料酒	酒　曲	主产地区
糯米黄酒	以酒药和麦曲为糖化发酵剂	南方地区
黍米黄酒	以米曲霉制成的麸（fū）曲为糖化发酵剂	北方地区
大米黄酒	是一种改良的黄酒，以米曲加酵母为糖化发酵剂	吉林及山东
红曲黄酒	以糯米为原料，红曲为糖化发酵剂	福建及浙江

3）啤酒。

啤酒是以大麦芽、酒花和水为主要原料，经酵母发酵酿制而成的饱含二氧化碳的低浓度酒精饮料。

啤酒于 19 世纪末传入中国。在西方，啤酒先于其他酒类出现在人类的生活之中，所以西方学者把啤酒称为“酒类之父”。

啤酒按照色泽，可分为淡色啤酒、浓色啤酒和黑色啤酒三种类型，如表 1–7 所示。

表 1–7　按啤酒的色泽分类

名　称	酒液颜色	特　点
淡色啤酒	淡黄色、金黄色	淡黄色的口味淡爽，金黄色的口味清爽而醇厚，两者酒花香味都突出
浓色啤酒	红棕色、红褐色	麦芽香味突出，口味醇厚，酒花苦味较轻
黑色啤酒	深红褐色、黑褐色	麦芽香味突出，口味香浓，泡沫细腻，不同产品类型苦味差异大

4）葡萄酒。

葡萄酒是果酒的代表酒。果酒是以各种含糖分比较高的水果为主要原料，经过发酵等工艺酿造而成的一种低酒精含量的原汁酒。在各种水果所能酿制的酒液中，只有以葡萄为原料酿造的酒才称为葡萄酒，其他统称为果酒。

按照酒液色泽分类，葡萄酒可分为红葡萄酒和白葡萄酒两种类型，如表 1–8 所示。

表 1–8　按葡萄酒的酒液色泽分类

名　称	特　点	功　能	著名产地
红葡萄酒	酒液呈鲜艳的红宝石色，果香馥郁，酸甜适中，营养丰富	促消化，增加食欲，补益身体	烟台张裕葡萄酒公司和北京东郊葡萄酒厂
白葡萄酒	常做餐酒，含有肌醇、维生素及多种氨基酸	补血，强身，软化血管等	河北沙城酒厂（长城牌干白）和天津王朝葡萄酒公司（王朝牌干白）

（二）茶

1. 茶的定义与功效

茶是以茶叶为原料，经过沸水泡制而成的热饮品或冷饮品。茶不但可以作为饮料供人们饮用，还对人体有一定的保健作用。茶叶的功效大致可以归纳为生津解渴，提神解乏；除脂解腻，促进消化；杀毒消炎，利尿排毒；强心降压，增强体质；补充营养，预防辐射；等等。除我国之外，世界上主要的产茶国还有印度、斯里兰卡、印度尼西亚、巴基斯坦、日本等。

2. 茶的种类与制作

按制作方法，茶可以分为全发酵茶、半发酵茶、不发酵茶三种。

（1）全发酵茶。

全发酵茶即在制作时茶叶得以充分发酵的茶。红茶是其代表，因其茶色和叶底均呈红色而得名，有云南滇红、祁门红茶等。该类茶种的制作工艺如图 1–3 所示。

图 1–3　全发酵茶制作工艺

（2）半发酵茶。

半发酵茶是用部分发酵工艺制成，虽然经过发酵，但不是百分之百发酵的茶。

乌龙茶又称青茶，是半发酵茶的代表，它既是茶名又是品种名。名贵乌龙茶有台湾冻顶乌龙茶、福建武夷岩茶、安溪铁观音等。

（3）不发酵茶。

不发酵茶是茶叶一摘下来不经萎凋，直接杀青而制成，保有其最自然清香的原味的茶。

绿茶是其代表，例如西湖龙井、洞庭湖碧螺春等。

3. 中国名茶

茶叶起源于我国，传播于世界。中国茶的历史悠久，有各种各样的茶类品种及名茶，如图 1–4 所示。

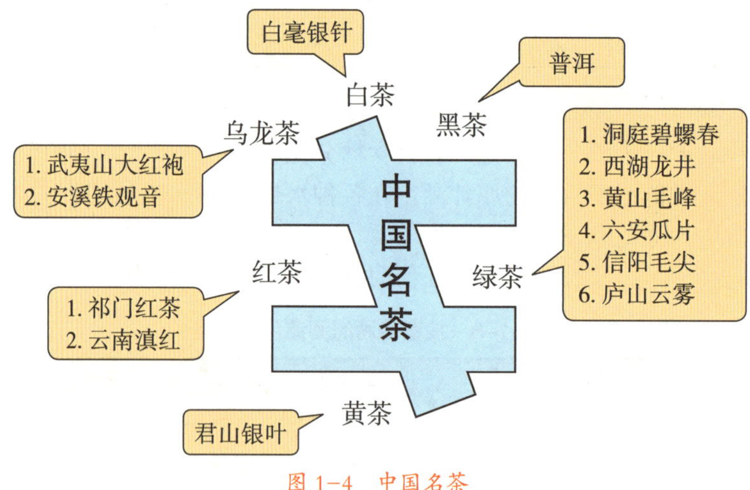

图 1–4　中国名茶

（三）其他饮料

饮料是指以水为基本原料，以不同的配方和制造工艺生产，供人们直接饮用的液体食品。

由于不同品种的饮料中含有不等量的糖、酸、乳、钠、脂肪、能量以及各种氨基酸、维生素、无机盐等营养成分，因此，饮料除了提供水分外，还具有一定的营养。

在生活中，除了酒、茶之外，我们经常接触到的饮料还有咖啡、牛奶、果汁、碳酸饮料和矿泉水等。

1. 咖啡

咖啡是英文 coffee 的译音，是世界三大饮料（茶、咖啡、可可）之一。咖啡具有振奋精神、消除疲劳、除湿利尿、帮助消化等功能。

2. 牛奶

牛奶含有丰富的供应人体热量的蛋白质、脂肪、乳糖和人体所需的最主要的矿物质（钙、磷）以及维生素。牛奶营养丰富，消化率高，容易被吸收，可以用来制成不同风味的饮料以供食用，譬如酸牛奶、热牛奶、冷牛奶。

3. 果汁

果汁同样含有丰富的矿物质、维生素、糖类、蛋白质以及有机酸等物质，对人有很好的滋补作用。常见的果汁品种有柠檬汁、西瓜汁、椰汁、橙汁等。

4. 碳酸饮料

碳酸饮料是一种含有大量二氧化碳的清凉解暑饮料，是由水、小苏打、食用色素等原料按照一定比例配制而成的。我们生活中所见到的可乐、雪碧、苏打水都属于碳酸饮料。

5. 矿泉水

矿泉水是从地下流出的，含有多种矿物质的泉水。它以水质好、无杂质污染、营养丰富而深受人们欢迎。矿泉水的品牌有很多，如农夫山泉、崂山矿泉水。

课堂悦读

茶的传说

陆羽《茶经》里说："茶之为饮，发乎神农氏。"传说中，炎帝神农氏是茶的发现者，同时他也是传说中发明药物来治疗疾病的人。

神农氏在野外考察休息时，有一次用釜锅煮水，恰巧有几片叶子飘落进来，使锅里的水变成黄绿色。神农氏不以为意，喝了一点其中的汤水，却惊奇地发现，这黄绿色的水味道清香，这叶子竟是一味不可多得的药材。后来，神农氏发现这种植物有解渴生津、提神醒脑和利尿解毒的作用。这便是传说中茶的来源。

温故拾遗

（一）填空

1. 中国的四大菜系分别是：________、________、________、________。

2. 面点分为三大流派，分别是________式、________式、________式。

3. 除了茶和酒外，我们经常接触到的饮料有________、________、________、________、________。

（二）简答

1. 中国的名酒、名茶分别有哪些？

2. 简述中国八大菜系的特点、烹饪方法以及代表名菜。

知识三　餐饮文化

情景导入

印度用餐习俗

每个国家的饮食文化因为多种因素而有所不同，而同一个国家的不同地区的饮食文化也是有所差别的。“手抓饭”是印度人长久以来的就餐习俗，吃饭前他们会先洗净手，然后准备就餐（见图 1–5）。

图 1–5　印度食物

目前在许多正式场合，印度人已经开始用刀叉吃饭，但在私底下，他们仍然习惯用手抓饭吃。印度人吃饭还有一个规矩，无论是大人还是孩子，一定要用右手吃饭，给别人递食物、餐具，更得用右手。这是因为人们认为右手干净，左手脏。这又与印度人的另一个习惯有关：印度人如厕以后，不用手纸擦，而是用水冲洗，冲洗时，用左手，不用右手。

问题　你家乡的饮食习惯是怎样的呢？

知识描述

餐饮文化是餐饮、餐饮加工技艺、餐饮营养保健以及以餐饮为基础的文化艺术、思想观念与哲学体系之总和。它是人类在烹饪与餐饮的实践中创造和积累的物质财富与精神财富的总和，同时又是世界文化遗产的重要组成部分。

一、世界餐饮文化的地域类型

历史地理、人口结构、经济发展、食物来源、文化习俗等诸多因素的影响，使世界餐饮文化具有多样化，如图 1–6 所示。

图 1–6　餐饮文化多样化

（一）东方餐饮文化体系

东方餐饮文化体系又称中餐餐饮文化体系或中国餐饮文化体系，以中国菜为中心。主要流传在东亚、东北亚及东南亚，以味为核心，以养为目的，采用合餐制，一般是箸（zhù，筷子）食。烹调方法精细、复杂，菜式丰富，流派众多，讲究博食、熟食、精食、养食、礼食和趣食。其中，中国有“烹饪王国”之誉。

（二）西方餐饮文化体系

西方餐饮文化体系又称西餐餐饮文化体系或法国餐饮文化体系，以法国菜为主干。主要流传在欧洲、北美洲和大洋洲，比较重视运用现代科学技术，强调营养卫生。采用分餐制，一般是叉食，口味以咸甜、酒香为基调，佐以肥浓或鲜嫩。其中法国巴黎被称为“世界食都”。

二、中西餐饮文化的区别

由于历史地域、经济结构和文化传统等因素，中西餐饮文化有很大的不同。中西餐饮文化主要在营养与美味、规范与随意、分餐与合餐三个方面表现不同，如图 1–7 所示。

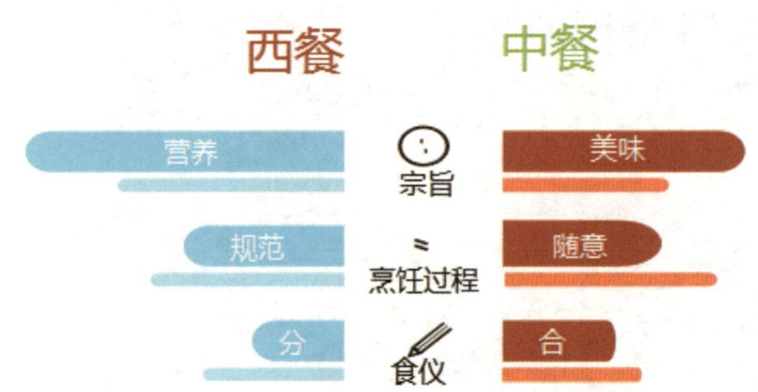

图 1–7　中西餐饮文化的区别

（一）营养与美味的侧重点不同

西方餐饮以营养为最高准则，特别讲求食物的营养成分是否合宜以及这些营养成分能否被充分吸收，有无其他副作用，而菜肴的色、香、味则是次一等的要求。

在中国，“民以食为天，食以味为先”，味道是烹饪的最高准则。人们在赞誉美食时，强调“色香味俱佳”，而在色香味三者当中，又是以“味”字当先的。

（二）规范与随意的烹饪准则不同

西方人烹调的全过程都严格按照规范行事，调料的添加量精确到克，烹调时间精确到秒。

中国的烹调与之截然不同，各大菜系都有自己的风味与特色，就是同一菜系的同一个菜，其所用的配菜与各种调料的匹配，也会依厨师的个人特点有所不同，烹饪准则相对随意。

（三）分餐与合餐的文化体现不同

中西餐饮文化不仅在关注重点、烹饪准则上不同，在文化特征方面也有很大的差异。在食仪上，西方人奉行的是自由的分餐制，各点各的菜，自己想吃什么点什么。西方流行的自助餐更是一种西方人奉行“各吃各的，互不相扰”的就餐形式的体现。

中餐与西餐的食仪截然不同，体现了“分”与“合”的中西文化的根本差异。中国人一向以“合”为最高境界，中餐食仪上也是遵循此原则。一桌人团团围坐合吃一桌菜，筵席要用圆桌，这就从形式上营造了一种团结、共趣的气氛。席间人们相互敬酒、相互劝酒劝菜，体现了相互尊重、礼让的美德，同时也借此交流感情。它符合中华民族“大团圆”的普遍心态。但随着中西方文化交流的不断加强，中西饮食文化的差异逐渐减少，并出现渐趋融合的趋势。

三、中国餐饮文化的特点

中国地大物博，各地的饮食文化差异比较大，主要有以下特点：

第一，各地口味各有千秋。俗话说，“百里不同风，千里不同俗”。整体来说，餐饮口味是南甜、北咸、东辣、西酸。江南人喜清淡、甜咸、爽口，讲究营养，乐于质高量小；北方人则口味偏咸，肥而不腻、脂肪多的鱼和肉是东北人吃饭的首选；西北人则爱吃酸口，醋在饮食当中占有重要地位；而在湖南、湖北、江西等地则多吃辣，四川又以麻辣而著称。

第二，一年四季风格迥异。几千年以来，我国习惯于在不同季节使用不同的烹饪手段，享受不同的口味。一般来看，冬天多为炖、焖、煨、炒，夏天经常凉拌、冷冻；冬天喜好味醇、浓厚，夏天追求清淡、凉爽。

第三，色香味形缺一不可。我国的烹饪讲究色、香、味、形俱全，不仅讲究菜肴的香气要足，口感要好，同时也要有一定的美感。

第四，品味情趣双管齐下。我国烹饪很早就开始注重品味情趣，不仅对菜肴、面点的色、香、味有严格的要求，而且对它们的命名、品尝的方式、进餐时的顺序都有一定的要求。

第五，食医结合，注重健康。早在几千年前，我国烹饪就有“医食同源”和“药膳同功”的理念，在利用食物原料药用价值的基础上，将其做成各种美味佳肴，减少人们对药物的抵触心理，达到预防疾病的目的。

课堂悦读

在中国，烹调是一种艺术，女作家三毛在《沙漠中的饭店》一文中说：“我一向对做家事十分痛恨，但对煮菜却是十分有兴趣。几只洋葱，几片肉，一炒变出一个菜来，我很欣赏这种艺术。”做菜是一门艺术，它与其他艺术一样，体现着严密性与即兴性的统一。在中国，烹调正以其强烈的趣味性，吸引着以餐饮为人生至乐的中国人。

温故拾遗

（一）填空

1. ________有“烹饪王国”之誉；________被称为“世界食都”。

2. 中国餐饮文化的特点：________、________、________、________、________。

（二）简答

中西餐饮文化的区别体现在哪些方面？请举例说明。

知识四　餐饮服务与管理概述

挂　账

晚上11:00，大堂副理正准备下班，电话铃声急促地响起，西餐收银员小王急切地说："大堂副理，8318房的客人要挂账，而挂账单位却未提前通知我们，客人在这里发火……"

大堂副理即刻上楼了解情况，原来客人是宾馆一协议单位客户，房费挂账，现在餐饮消费180多元，他也要求记入房间。而收银员未接到通知，未予答应，要求他先与挂账单位联系，客人很恼火，称对方早已关机，现在根本联系不到协议单位。

大堂副理了解情况后，首先请客人息怒，耐心解释，并深表歉意。考虑到此客人为常客及其以往的信誉情况，大堂副理转以协商的口气委婉地说："先生，您看这样好不好，今天呢，我们同意您先把费用记入房间，明天如果协议单位不同意，再改用现金结账，好吗？希望您能谅解，配合我们的工作。"客人连声说："好！好！好！还是你想得周到，不过你放心，我是他们公司的重要客户，再说，明天我也不会跑掉，我要住一个礼拜呢。"第二天，前台人员果真接到挂账单位的电话，说昨天忘了通知，8318房客人的所有费用都可以挂账到房间。

1. 你觉得小王的做法如何？
2. 如何评价大堂副理的处理方式？

知识描述

一、餐饮服务

（一）餐饮服务的概念

餐饮服务是指通过即时制作加工、商业销售和服务性劳动等向消费者提供食品和消费场所及设施的服务活动。在餐饮服务中，餐厅服务员要设身处地地站在顾客的立场上来设想，了解顾客的想法和需求，并及时满足顾客的需求。餐饮服务可以分为有形服务和无形服务两种。

（二）餐饮服务内容

餐饮服务的质量与酒店的声誉、效益息息相关，甚至关乎酒店的生存与发展，因此，餐饮服务也成了酒店管理的重要内容。餐饮服务分为餐前准备、迎宾服务、餐间服务和餐后服务四个部分，如图 1–8 所示。

图 1–8　餐饮服务流程

（1）餐前准备：餐前准备是指酒店第一位客人还未来到之前所做的准备工作，包括餐厅环境卫生准备、用餐设备设施准备以及了解餐厅当日的基本营运情况的准备。“好的开始是成功的一半”，充分的餐前准备是良好的餐厅服务、高效流畅的餐厅营运工作的重要保证。

（2）迎宾服务：迎宾服务的内容包括迎客、引领客人、安排座位和递送菜单四个部分，如图 1–9 所示。迎宾服务是客人对服务人员产生第一印象的关键，服务人员必须加以重视。在迎宾中要做到熟悉迎宾服务的程序、标准以及规范，灵活对待每一个客人，做好迎接客人的工作。

迎客 → 引领客人 → 安排座位 → 递送菜单

图 1–9　迎宾服务

（3）餐间服务：供餐和餐间服务是点菜点酒服务的继续，也是餐饮服务中时间最长、环节最复杂的。它要求服务人员在服务过程中严格执行服务标准以及服务规范，并做到细心、贴心、有耐心，时刻关注客人的用餐体验。

（4）餐后服务：客人在用餐结束后所进行的环节。该服务的最后对客部分是送客，而在这之后，则要检查客人是否遗落物品，重新收拾并巡视餐区。

（三）餐饮服务的特点

餐饮服务是一种产品，但又区别于一般有形产品，具有一次性、无形性、差异性、直接性的特点，如图 1–10 所示。

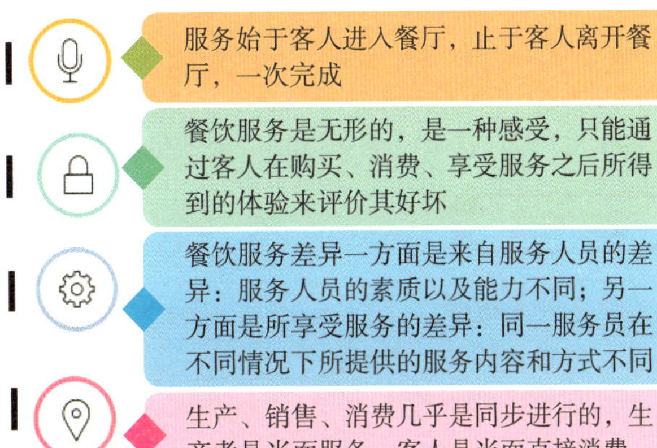

图 1–10　餐饮服务的特点

二、餐饮管理

餐饮管理是管理者在了解市场的前提下，在饭店经营思想的指导下执行既定计划，组织并运用人、财、物以及信息等资源实现既定目标的一系列活动。

（一）餐饮管理的特点

1. 经营方式灵活，收入可变性大

人们的需求越发多样，酒店的

生存竞争越来越激烈，所以就需要增加多样的外扩项目来增加酒店营收，譬如说举办各种美食节、食品周、啤酒节等经营活动。

2. 高质量餐品和优质服务密不可分

餐饮产品跟酒店提供的服务是连在一起的。所以，食品的质量跟服务人员的服务相辅相成、互相影响，是连为一体的新产品。

3. 生产、销售、消费三个环节同时进行

餐饮产品生产时间短，存储时间也不长，所以餐饮产品的生产、销售、消费几乎同步，否则菜品会因时间问题而变质，从而影响产品的销售，给酒店造成不必要的损失，如图 1–11 所示。

图 1–11　三个环节

（二）餐饮管理的目标

餐饮管理的目标主要是指在为顾客提供满意服务的前提下，实现餐饮企业利润的最大化，具体如图 1–12 所示。

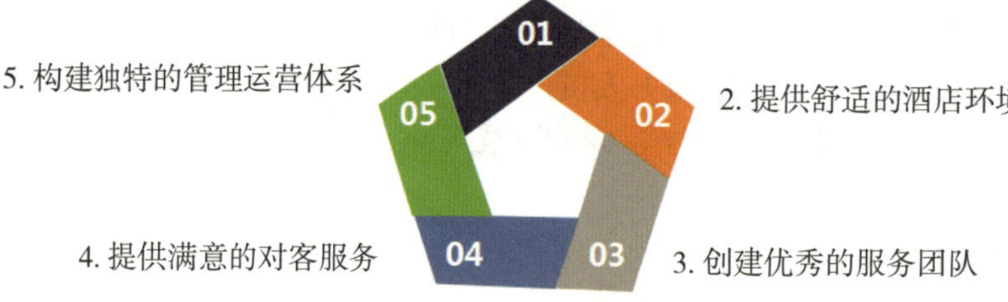

图 1–12　餐饮管理的目标

课堂悦读

广州白天鹅宾馆是中国第一家中外合作的五星级宾馆。开业四十多年来，白天鹅宾馆接待了多位国家元首和政府首脑。其中，最为人乐道的要算 1986 年的英国女王访问。

据悉，女王到访前，白天鹅餐饮部通过英领馆和中国外交部了解到女王的餐饮习惯，以“我们就想要让她吃到广东特色菜”为接待女王的宗旨。当时，“月映仙兔”为广式点心拼盘，“金红化皮猪”即广东人熟悉的烤乳猪，都成为白天鹅招待英国女王的美味佳肴。此外，白天鹅宾馆还特意从香港运来龙虾和石斑鱼，用以招待女王。当年女王所用的餐具都是特别定制的，有英国的银器茶具，也有中国的陶瓷碗碟。据当时的接待人员回忆，自那以后，“英女王宴”作为白天鹅经典菜式套餐被固定下来，该套餐最高售价曾高达 2 000 元 / 人。这个“英女王宴”至今也被人们津津乐道。

温故拾遗

（一）填空

1. 餐饮服务内容包括________、________、________、________四个部分。

2. 递送菜单属于________的内容，是服务人员在该环节的第________步。

（二）论述

根据你的理解，论述餐饮服务的差异性。

技能篇

1. 掌握托盘的使用技能，能自如地使用托盘进行服务。
2. 熟练折叠 10 种杯花、6 种盘花。
3. 能娴熟规范地进行中西餐零点摆台、宴会摆台。
4. 熟练掌握斟酒的技法，能独立进行徒手斟酒和托盘斟酒服务。
5. 掌握上菜和分菜的技能并能独立进行上菜和分菜服务。

项目一 托盘技能

情景导入

为了庆祝中秋佳节，小明和家人兴高采烈地来到君悦酒楼吃团圆饭。餐厅里只有四名服务员穿梭在宾客间忙碌地为客人服务，小明一家在餐位上等待了许久才点菜完毕。半小时过去了，终于看到服务员急急忙忙地端来一盆热腾腾的汤，但出乎意料的是服务员手没托稳，整盆汤从托盘上滑落，滚烫的汤水溅洒到小明身上，造成二度烫伤。原本想趁着节假日出来吃饭享受美好佳节，但最终却事与愿违。

可能是什么原因导致汤水从托盘上滑落并烫伤小明呢？

任务一 端托的姿势

任务描述

万豪酒店餐饮部新招聘了一批员工，王经理将对这批新员工进行岗前培训，再视考核结果将新员工分配到各岗位。托盘是餐饮服务技能的开路先锋，让我们整装待发吧！

任务目标

了解托盘的种类，掌握轻托的姿势要领，用规范的手势托住托盘。

任务准备

在中西餐对客服务中，托盘是托运用餐所需物品的重要工具。掌握托盘的基本功，不仅可以提高工作效率，而且可以使服务姿态美观大方，为宾客营造愉悦的用餐氛围。

一、托盘的种类

（一）按材质分类

大体上可分为金属托盘、胶木托盘和塑胶托盘。其中，金属托盘中的金质、银质托盘用于高档豪华餐厅或特色餐厅，造价高。胶木托盘轻便耐用、防滑防腐、结实美观。塑胶托盘因其价格低廉、耐磨而被广泛使用。

（二）按形状分类

可分为圆形托盘、长方形托盘、正方形托盘、特殊形托盘等。

（三）按规格分类

可分为大号（45~55 厘米）、中号（35~44 厘米）、小号（35 厘米以下）。大号和中号托盘用于摆台、装运菜点和酒水等；小号托盘用于收款、递送账单和信件。

二、托盘的操作方式

根据所托物品重量的不同，托盘的操作方式可分为轻托和重托。轻托物品重量在 5 千克以内，如表 2–1 所示。

表 2–1　轻托

轻托要领	动作要求	图　示
要领 1	左手托盘，上臂自然下垂，与下臂垂直成 90°	
要领 2	掌心向上，用五指指尖及掌根部分托住盘底，掌心不接触盘底	
要领 3	左手肘离腰部约 15 厘米距离	
要领 4	托盘平托于胸前，稍低于胸部，盘面重心略向里侧以保持平稳。右手放于背后或自然下垂，禁止用右手扶托盘	

5~10 千克的物品应采用重托方式托运。操作时左手五指张开，全掌托住盘底，右手扶住托盘边缘，辅助托盘托至胸前，再向上转动左手腕，擎托于左肩上，右手自然下垂，如图 2–1 所示。

无论是轻托还是重托，都应做到“三平、二稳、一松”。三平：双肩平、托盘平、眼睛平；二稳：身体姿势稳、盘内物品稳；一松：面部表情放松。

图 2–1　重托

任务实训

准备常用托盘若干、砖块或沙袋、空酒瓶、水、工作台。将学生分组并分阶段练习。第一阶段，先练习手掌五指张开的动作要领，再用左手托盘，训练端托的姿势。第二阶段，托盘中放入砖块或沙袋，进行臂力练习。第三阶段，酒瓶中装入八分满的水，尝试先托一个装水的酒瓶，再逐个增加酒瓶数量，练习托盘姿势的平稳性。

任务评价

考核内容	考核要点	考核情况		
		优秀	合格	不合格
托盘的操作方式	轻托的动作要领、重托的动作要领			
托盘的仪态	“三平、二稳、一松”			

拓展延伸

同学们可以在课外自行加强托盘的姿势及臂力练习，例如将水装入脸盆进行臂力练习；或者使用厨房的不锈钢菜盘，放上垫布及装水的酒瓶，进行托盘姿势的训练。

任务二　托盘的使用步骤

任务描述

万豪酒店餐饮部为提升员工的托盘技能，拟举办托盘（轻托）团体接力比赛，要求各部门组队参加。比赛规则为每名参赛人员用托盘托 3 瓶啤酒和 3 罐易拉罐饮料，以单手托盘竞走，右手须放到背后，最后以托盘上物品的完整性及所用时间分出胜负。作为酒店的新晋之星，你准备好为部门争夺荣誉了吗？

任务目标

掌握托盘的使用步骤及操作要领，能灵活自如地运用轻托技能对客服务。

任务准备

托盘的使用一般要经过六个步骤，如图 2–2 所示。

图 2–2　托盘使用步骤

托盘使用的每个步骤中都要注意操作要领（如表 2–2 所示），确保端托行走自如平稳。

表 2-2　使用托盘的操作要领

步骤及操作要领	图　例	步骤及操作要领	图　例
1. 理盘：在工作台操作，将清洁布折叠成小正方形，由内向外擦拭托盘；对于没有防滑功能的托盘，在盘内垫上垫布，垫布中心与托盘中心重叠		4. 行走：将托盘平托于胸前，头正肩平，目视前方，保持微笑，右手可自然下垂并随着走路节奏自然摆动或放于背后，步幅保持等距，步频稍快	
2. 装盘：遵循内高外矮、内重外轻的原则。根据所托物品的重量、体积和使用的先后顺序合理装盘，确保重心平衡。物品之间留有一定空隙		5. 落托：左脚向前迈开半步，屈膝直腰，身体重心下移，左手将托盘架在工作台上，右手轻扶盘边右下侧，抽出左手，两手同时将托盘完整推回桌面	
3. 起托：左脚向前迈开半步，屈膝直腰，上身稍向前倾，右手将托盘拉出台面，用做好手势的左手伸进托盘底部中心，确定好重心后松开右手，收回左脚，身体上行		6. 卸盘：将托盘置于工作台上，平稳取出物品，将物品归类放回工作台，将取空后的托盘放于工作台一侧	

任务实训

准备常用托盘若干，每个托盘配备 10 个装饰盘或骨碟，2~4 个啤酒瓶或红酒瓶、水。将学生分组进行分阶段训练。第一阶段，理盘和装盘训练。第二阶段，起托和站立训练：在托盘中放入 10 个骨碟或 3 个装水酒瓶，尝试起托并站立 5 分钟。第三阶段，端托行走训练：先托送 10 个骨碟或装饰盘行走，熟练掌握后，再托送两个装水酒瓶，练习端托行走的平稳性；地面设置“之”字形障碍物，每名学生绕着障碍物端托行走。第四阶段，托盘外撇训练：使上臂与下臂垂直成 90°，逐渐将下臂往左外侧延伸至小臂与胸前呈 180°，再平移回 90°，身体保持不动，展开时速度不要过快，确保托盘内物品不晃动，如此反复练习。

任务评价

考核内容	考核要点	考核情况		
		优秀	合格	不合格
理盘和装盘	擦拭托盘，垫上垫布 按内高外矮、内重外轻原则进行装盘			
起托和站立	起托动作的连贯性 托住骨碟或装水酒瓶站立 5 分钟			
端托行走	平地端托行走 绕“之”字形障碍物端托行走			
托盘外撇	上臂与下臂垂直成 90°，下臂平移外撇			

拓展延伸

使用托盘供餐

餐厅的传菜员使用托盘供餐应注意以下几点：（1）较大、较重的盘碗或盛有液汁的餐盘放置于托盘中央，较小的物品靠边放置。（2）咖啡壶及茶壶不可注水过满，以免端托行走时溢出，壶嘴应朝内。（3）端托离开厨房前应确保食物及所需配料、酱料等均在托盘中，且依上菜顺序摆放。（4）托盘不可放置于宾客餐桌上，应先将其置于工作台，再进行上菜服务。

项目二　餐巾折花

情景导入

应中国友人李明夫妇的盛情邀请，布朗夫妇从美国赶来花园宾馆参加李明夫妇结婚纪念日的晚宴。走进宴会厅，布朗夫妇对餐桌上形状各异的杯花产生了较大的疑问。布朗夫人问："为什么餐桌上摆放的杯花有十种造型呢？"李明的夫人回答道："因为台面餐巾花种类丰富多样，可使整个餐桌呈现热烈的气氛，你看我们的台面是'百鸟朝凤'呢！"布朗先生又问道："那为什么主人位的杯花要高于副主人位甚至其他宾位的杯花呢？是想显示主人高高在上的地位吗？"李明的夫人笑着答道："不完全正确，我们是想通过杯花的摆放高低来告知你们主人的位置，让二位主宾能根据这个迅速找到自己的位置，从而避免出现尴尬或混乱的场面。"布朗夫妇恍然大悟，笑着说："原来是这样，看着这精致的杯花我们都舍不得打开来用呢！"

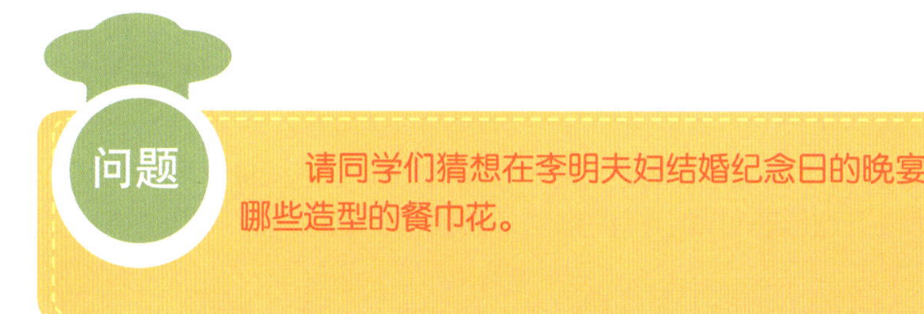

请同学们猜想在李明夫妇结婚纪念日的晚宴上他们选择了哪些造型的餐巾花。

任务一　餐巾花的基本知识

任务描述

几位外国客人来到某五星级酒店的中餐厅包房用餐，服务员小张热情地为他们拉椅让座，但其中一位日本客人却皱着眉头迟迟不就座，还跟随行的翻译员小声说着什么。翻译员请来小张指着餐桌上的"春芽四叶"（状似荷花）餐巾花，问能否换掉，小张恍然大悟，随即为客人撤换成菊花状的餐巾花，那位客人才满意地坐下。

任务目标

了解餐巾花的种类及摆放要求，初步学会为不同宴会设计和选用餐巾花。

任务准备

一、餐巾花的分类

餐巾是宾客用餐过程中使用的保洁餐布，可用来擦嘴及防止汤汁酒水弄脏衣服。摆台时，餐巾可折叠成各种抽象的艺术形象放于水杯及装饰盘上美化餐台，既是卫生用品又是艺术品。

餐巾的质地可分为亚麻、棉织、化纤和纸质。其中，亚麻餐巾质地较硬，洗涤后免上浆，便于折叠。棉织餐巾吸水性强，触感好，一次折叠完成，造型效果最佳。化纤和纸质餐巾可塑性稍逊色，较少使用。

采用不同的划分标准，餐巾花可分为不同的种类。

（一）按摆设工具分类

按照餐巾的摆设工具可分为盘花和杯花。杯花需放置于水杯或酒杯中以保持造型，折叠的技法复杂，造型多样，常见于正式的中餐宴会。盘花放置于餐盘上，折叠成形后不易自行散开，多用于西餐厅和中餐零点餐厅。

（二）按造型分类

1. 植物花

折叠的植物花型有玫瑰花、牡丹花、荷花等四季花卉；也有按植物的茎、叶、果实的形状造型的，如竹笋、枫叶、寿桃等。

2. 动物花

有按照动物造型塑其整体的，如凤凰、天鹅、企鹅、蝴蝶、金鱼等；也有取动物某个部位的特征的，如兔耳。动物造型形态可爱、活泼生动，是餐巾折花的一个大类。

3. 实物花

实物花是模仿日常生活中各种实物折叠而成的造型，如领带、西装、花篮、扇子、卷轴等。

二、餐巾花的摆放要求

餐巾花的摆放需要注意五个方面的要求，确保台面整体协调，如图 2–3 所示。

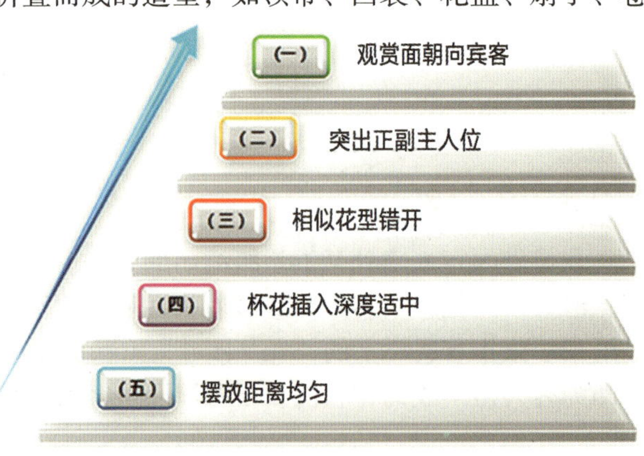

图 2–3　餐巾花的摆放要求

（一）观赏面朝向宾客

观赏面可分为正面和侧面，应选择最佳角度摆放。有头、尾的动物造型应头朝右，主人位除外。

（二）突出正、副主人位

高的、醒目突出的花型一般为主花，如迎宾天鹅要摆在主位。在中餐宴会摆台中，主人位餐巾花最高，副主人位次之，其他餐巾花高低均匀。

（三）相似花型错开

在餐台上将不同品种但形状相似的花型错开，对称摆放，避免单调。

（四）杯花插入深度适中

餐巾花落杯一般以不超过 2/3 处为宜，插入部分要折叠美观。

（五）摆放距离均匀

摆放餐巾花时要注意间距均等，不遮挡餐具和客人视线，不妨碍服务操作。

任务实训

请同学们思考以下四种餐巾花的摆放是否合理，并说出理由。

任务评价

考核内容	考核要点	考核情况		
		优秀	合格	不合格
餐巾花的摆放	观赏面朝向宾客；突出正、副主人位；相似花型错开；杯花插入深度适中；摆放距离均匀			

拓展延伸

如何选用餐巾花

餐巾花的选用一般应根据宴会的性质、规模，季节时令，宾客的风俗习惯等因素进行综合考虑。（1）根据宴会的性质选用花型，如欢送宴会选用一帆风顺寄托祝福。（2）根据宴会的规模选用花型，大型宴会每桌可选用一种或一类花型，小型宴会如 2~3 桌可在同一桌上选用不同的餐巾花。（3）根据季节时令选用花型，如春用春笋，夏用荷花，秋用枫叶，冬用梅花。（4）根据接待对象选用花型，可选用植物、实物花型，如牡丹花、扇子等。

任务二　餐巾花的基本手法

任务描述

实习生小雅在主管的带领下有幸观摩了酒店的餐巾花技能比赛，看到餐巾在选手的十指间翻转，短短几分钟，一个个形象生动的餐巾花就绽放出来了，真可谓妙手生花。赞叹之余，小雅暗下决心要学会折餐巾花，主管告诉她得先从基本手法学起。

任务目标

熟练掌握餐巾花的基本手法，并通过训练达到技能娴熟的目的。

任务准备

折餐巾花的基本手法主要有折叠、推折、卷、翻、捏、拉等，如表 2–3 所示。

表 2–3　餐巾折花的手法

手法及其要领	图　例	手法及其要领	图　例
折叠：先折后叠，辅之以压，将餐巾一折为二，二折为四，是最基本的手法		翻：将餐巾折卷或捏褶后的部位翻面，如从前面翻折到后面，从夹层里面翻到外面，将餐巾翻成花卉花瓣、鸟翅、动物头尾等形状	
推折：由推而折，辅之以捏，两个大拇指相对成一直线，拇指和食指捏紧餐巾两头的褶子，向前推至中指处，食指将褶子挡住，中指腾出控制下一个褶的距离		捏：多用于鸟的头部和嘴形。用大拇指、食指和中指捏住餐巾巾角顶端并拉挺，食指将巾角尖端向里下压，形成凹槽，用拇指和中指捏紧成尖嘴状	
卷：将餐巾依序往前卷成实心卷或圆筒并做出花型，要领是卷得紧凑、挺括		拉：对半成形的折花进行巾角的提拉和牵引。一只手握住折叠好的餐巾，另一只手对巾角进行向上或向下的提拉，让餐巾造型挺括，线条分明	

任务实训

请同学们运用以上6种折法完成蝴蝶纷飞、天鹅迎宾、三尾金鱼这三种餐巾花的折叠。

任务评价

考核内容	考核要点	考核情况		
		优秀	合格	不合格
蝴蝶纷飞	折叠、卷、推折的手法			
天鹅迎宾	卷、捏的手法			
三尾金鱼	折叠、翻、拉的手法			

拓展延伸

折叠餐巾花的卫生要求

折叠餐巾花之前要洗手消毒，不留长指甲，用干净的餐布擦手。站立于工作台边，在托盘或专业大盘上操作，不允许用口叼、咬或用下巴按，避免用筷子穿。杯花入杯时，手指不能触及杯口及杯子上部以免留下指纹印。折花时要求姿态端正、手法灵活，力求一次折成，避免反复折叠造成折痕杂乱。

任务三　杯花折叠十例

任务描述

中餐宴会摆台要求折叠10种不同的餐巾花，每种餐巾花使用3种以上技法，款式新颖，挺拔美观。让我们开始折叠吧！

任务目标

掌握10种杯花的折叠方法，并通过训练达到手法灵活、折叠快速、技能娴熟的目的。

任务准备

杯花是餐巾花中的一大类，下面精选10种不同的杯花做详细介绍，如图2–4所示。

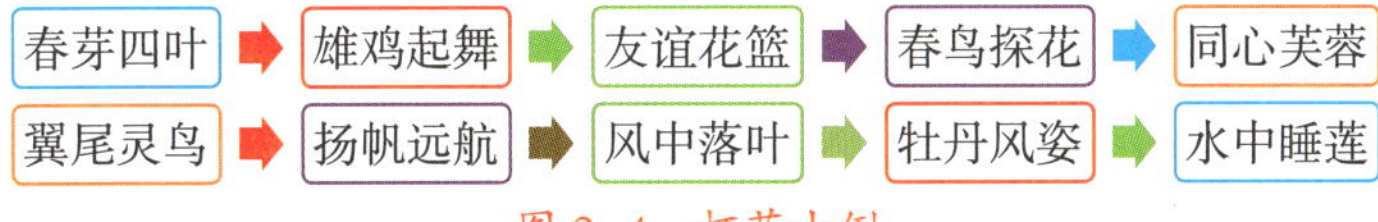

图2–4　杯花十例

一、春芽四叶

春芽破土，春回大地，一派欣荣。春芽四叶的折法如表 2–4 所示。

表 2–4　春芽四叶的折法

<table>
<tr><td>1. 将餐巾呈正方形放置，上下对折，呈长方形
</td><td>2. 将长方形餐巾左右对折，呈正方形
</td><td colspan="2">3. 将多巾角端的上层餐巾往对边翻折再错位折回来
</td></tr>
<tr><td>4. 翻转餐巾，将底层巾角做同样的翻折
</td><td colspan="3">5. 将多巾角的一端朝向左侧，从中间向两侧推折，捏五褶
 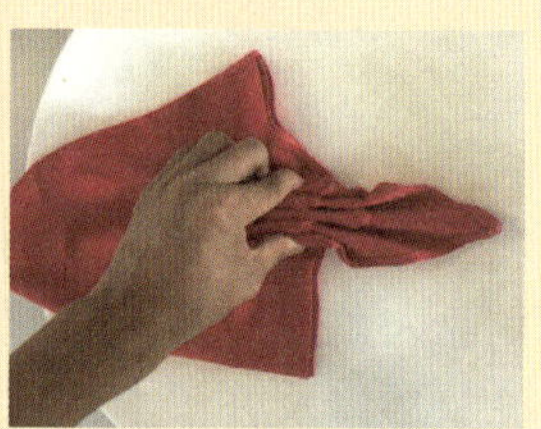</td></tr>
<tr><td colspan="4">6. 包角（本书其他杯花的包角方法参考此处）：捏紧餐巾褶子的上半部分，将多巾角的一端竖起来以便包角；将底部余出的两个直角向中间翻折；将底部的尖角端往里翻折两次
   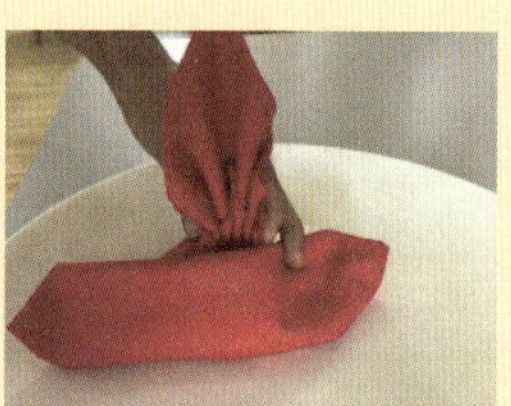</td></tr>
<tr><td colspan="2">7. 包裹平整并插入杯中
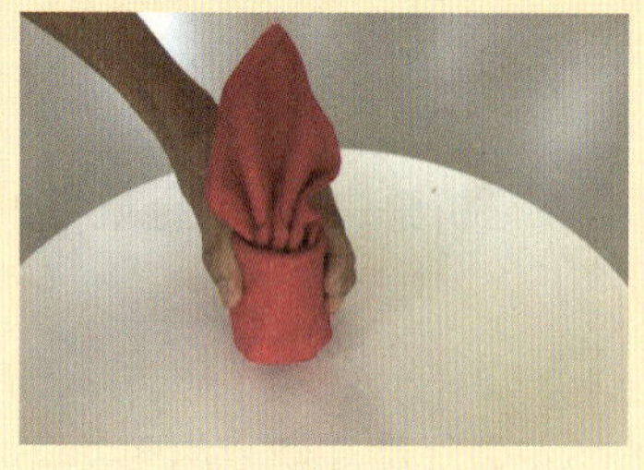</td><td colspan="2">8. 将四个巾角拉开形成叶片，整理成形
</td></tr>
</table>

二、雄鸡起舞

雄鸡起舞，寓意大展宏图。雄鸡起舞的折法如表 2–5 所示。

表 2-5　雄鸡起舞的折法

1. 将餐巾呈正方形放置，上下对折，呈长方形 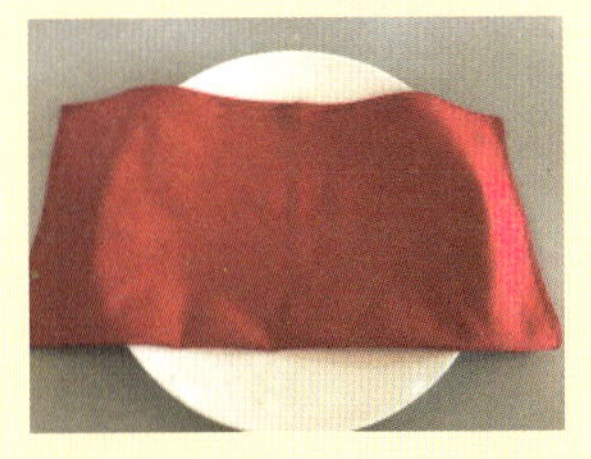	2. 将长方形餐巾左右对折，呈正方形 	3. 将四个巾角端的一层向上翻折 
4. 将多巾角的一端朝向左侧，从中间向两侧推折，捏五褶 	5. 捏紧餐巾褶子的上半部分，将 3 个巾角的一端竖起来 	6. 将底部的一层巾角上拉做鸡的头部，捏住褶子处的两手指一同将该层巾角捏紧 
7. 包角 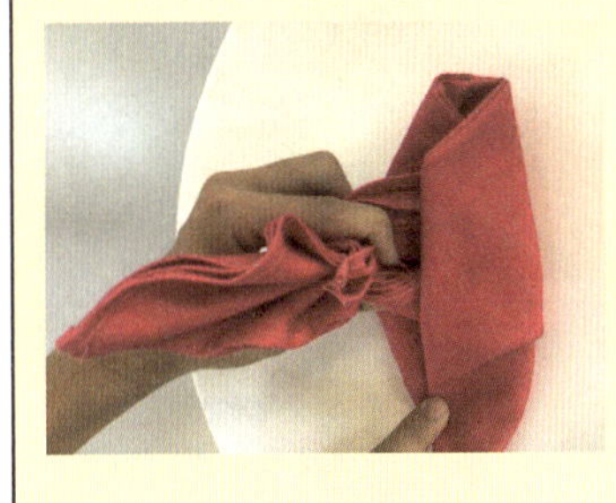	8. 将三层巾角端逐个拉出做鸡的尾巴，将鸡的头部拉挺并捏出尖嘴状 	9. 放入杯中，整理成形

三、友谊花篮

举杯祝福，花篮相赠，象征着友人间的情谊。友谊花篮的折法如表 2-6 所示。

表 2-6　友谊花篮的折法

1. 将餐巾呈正方形放置，上下对折，呈长方形 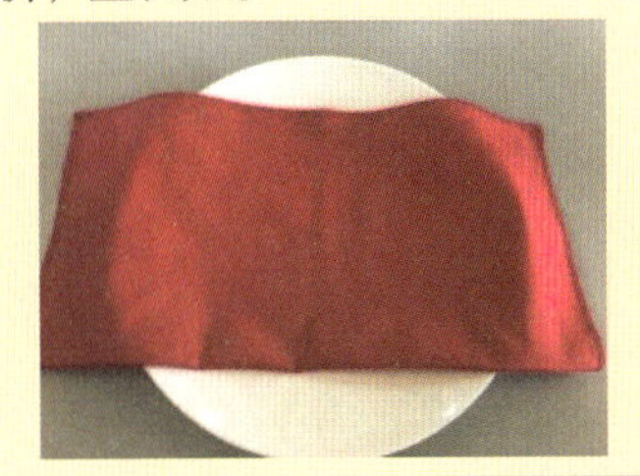	2. 从长方形的长边开始推折到对边 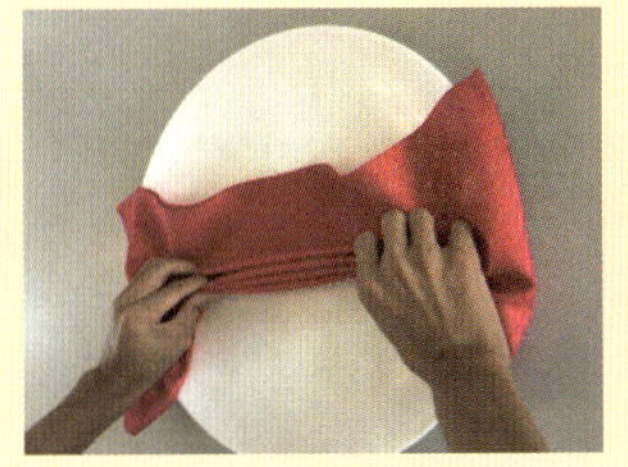	3. 捏紧两端褶子，从餐巾中间处向里对折以做花篮 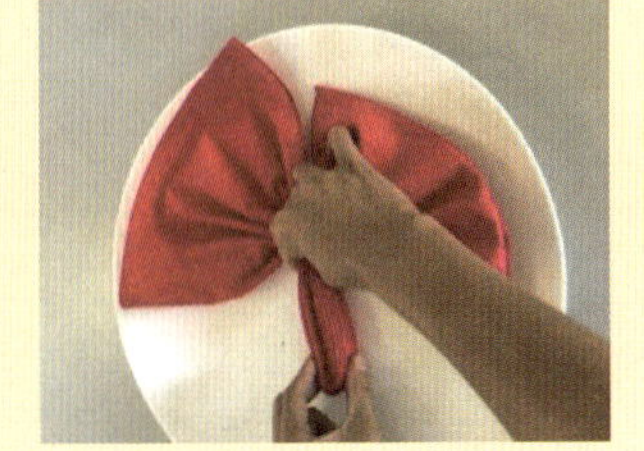

续表

4. 竖起花篮，一手捏紧花篮开口处，另一手将长方形一端的两个巾角上拉做叶片 	5. 包角 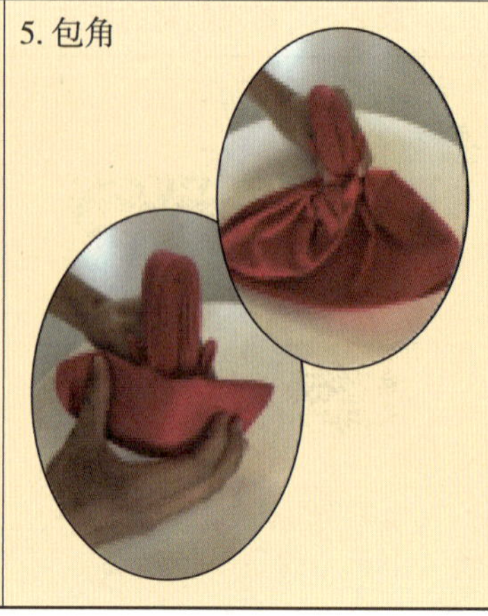	6. 插入杯中，将花篮打开呈环状，并整理成形 

四、春鸟探花

机灵的雏鸟，充满春天的气息。春鸟探花的折法如表 2-7 所示。

表 2-7　春鸟探花的折法

1. 将餐巾呈正方形放置，上下对折，呈长方形 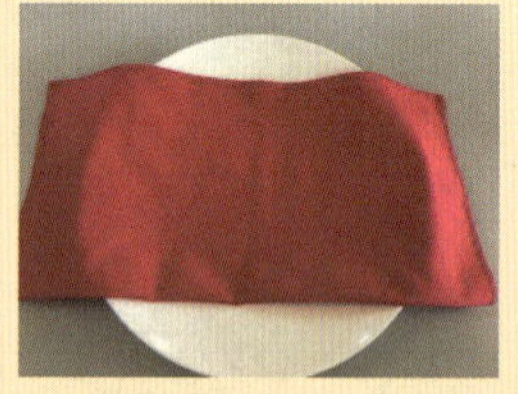	2. 将长方形餐巾左右对折，呈正方形 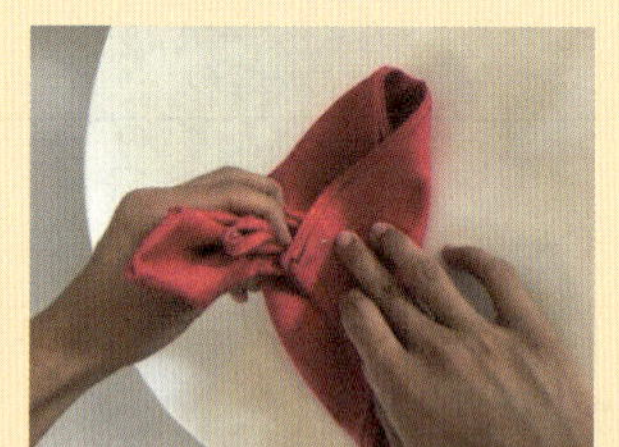	3. 将有四个巾角的一端朝向右侧，从中间向两侧推折，捏五褶 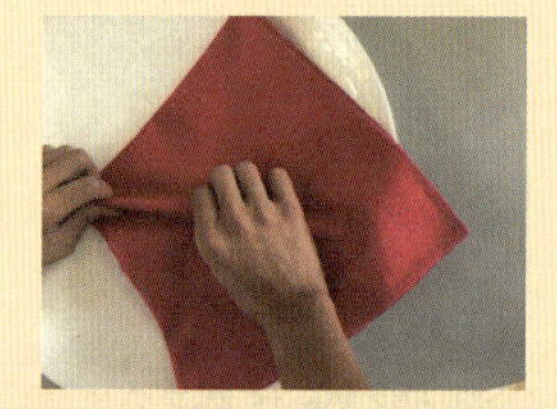
4. 捏紧餐巾褶子的上半部分并竖起来，将底部多巾角端的一层上拉以便做鸟的头部 	5. 一手捏紧褶子及上层巾角，另一手进行包角	6. 插入杯中 
7. 将餐巾尾部外翻并拉出鸟的躯干及尾翼 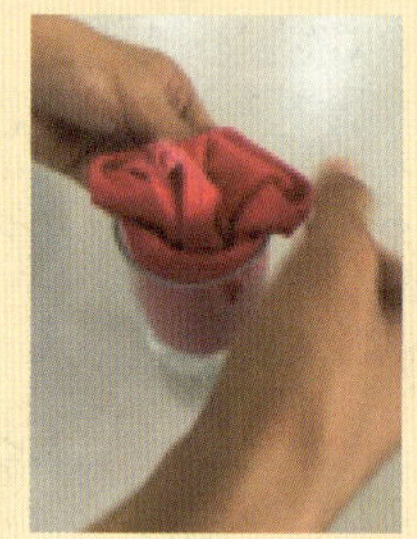 	8. 将鸟的头部拉挺并捏出尖嘴状，整理成形 	

五、同心芙蓉

“花中君子”并蒂莲，象征百年好合，永结同心。同心芙蓉的折法如表 2-8 所示。

表 2-8　同心芙蓉的折法

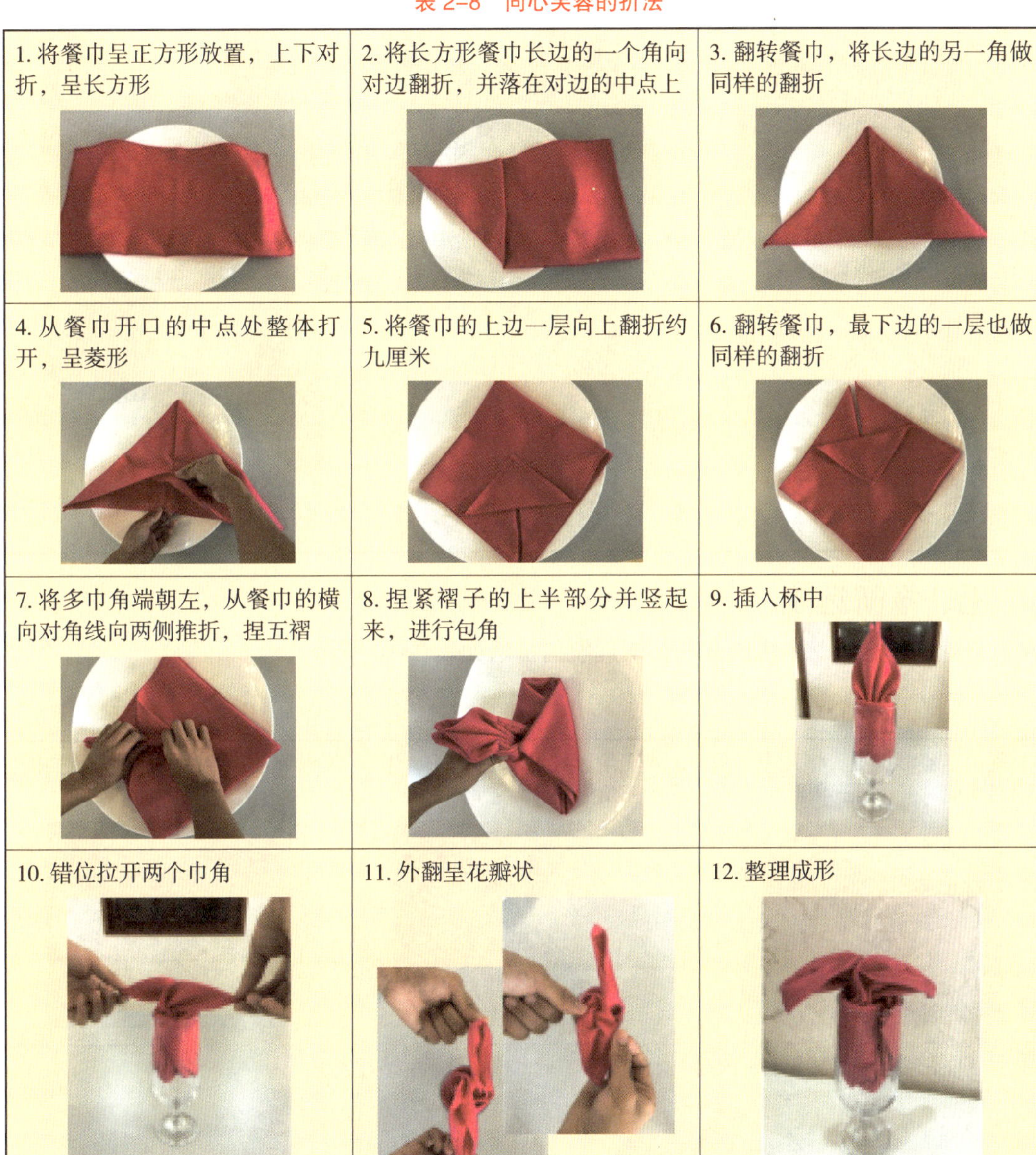

1. 将餐巾呈正方形放置，上下对折，呈长方形	2. 将长方形餐巾长边的一个角向对边翻折，并落在对边的中点上	3. 翻转餐巾，将长边的另一角做同样的翻折
4. 从餐巾开口的中点处整体打开，呈菱形	5. 将餐巾的上边一层向上翻折约九厘米	6. 翻转餐巾，最下边的一层也做同样的翻折
7. 将多巾角端朝左，从餐巾的横向对角线向两侧推折，捏五褶	8. 捏紧褶子的上半部分并竖起来，进行包角	9. 插入杯中
10. 错位拉开两个巾角	11. 外翻呈花瓣状	12. 整理成形

六、翼尾灵鸟

翼尾灵鸟，放于主人位，配合植物花，有花中漫步的惬意。翼尾灵鸟的折法如表 2-9 所示。

表 2-9　翼尾灵鸟的折法

1. 餐巾呈菱形放置，将其中一角沿对角线对折，呈三角形	2. 从三角形底边约三分之一处开始推折，捏六褶	3. 将褶子呈"S"形对折并捏紧
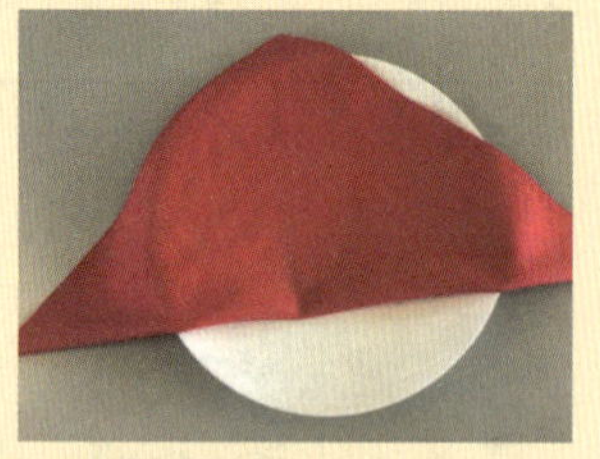		
4. 捏住褶子并竖起餐巾，将长的巾角端上拉以便做鸟的头部	5. 一手捏紧褶子及鸟的头部，另一手进行包角	6. 将鸟的头部拉挺并捏出尖嘴状，放入杯中
		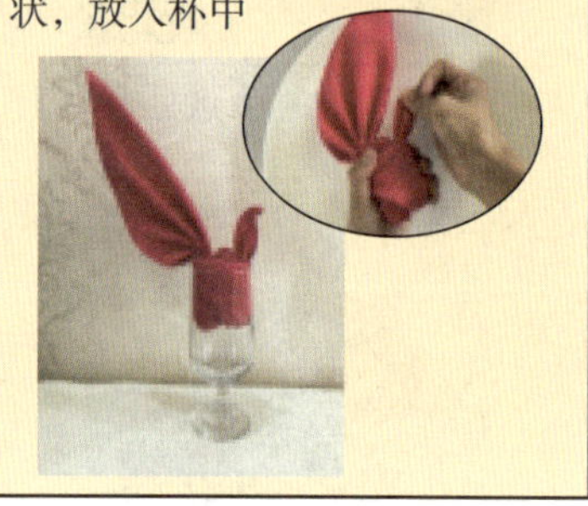

七、扬帆远航

寄寓美好祝愿，一帆风顺。扬帆远航的折法如表 2-10 所示。

表 2-10　扬帆远航的折法

1. 餐巾呈菱形放置，将其中一角沿对角线对折，呈三角形	2. 将三角形底边的一角翻折出一个小三角形并开始卷筒	3. 卷筒至二分之一处时开始推折
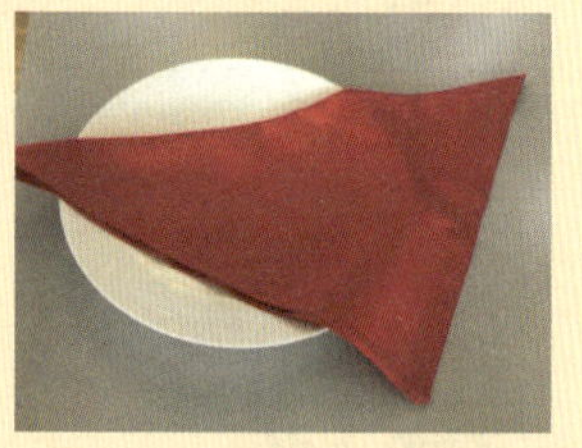	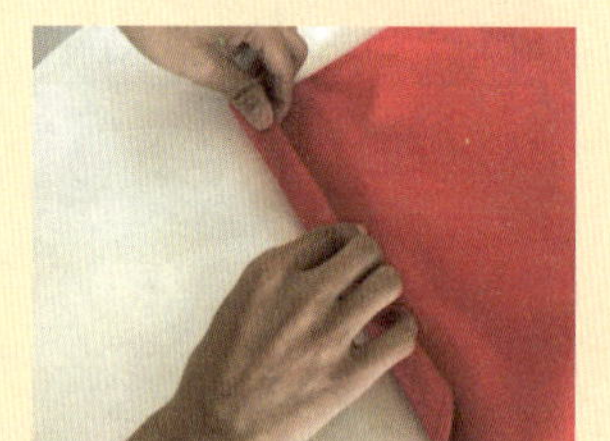	
4. 将餐巾底端往卷筒部分上折约七厘米	5. 放入杯中整理成形	
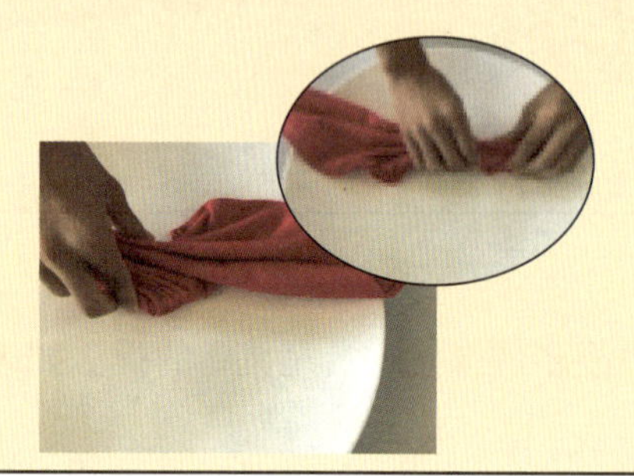	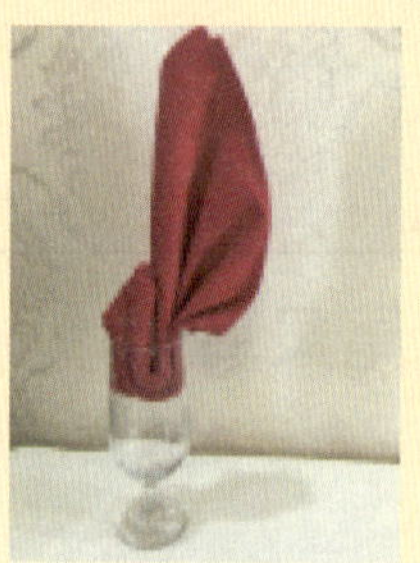	

八、风中落叶

风中的落叶，自有一番风情，与中国传统诗词中的悲秋情怀相吻合。风中落叶的折法如表 2-11 所示。

表 2-11　风中落叶的折法

1. 将餐巾呈正方形放置，上下对折，呈长方形 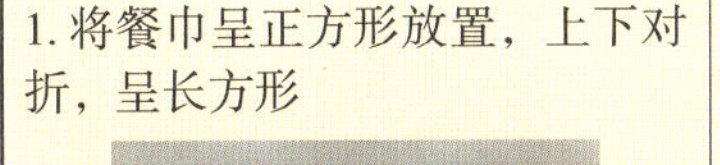 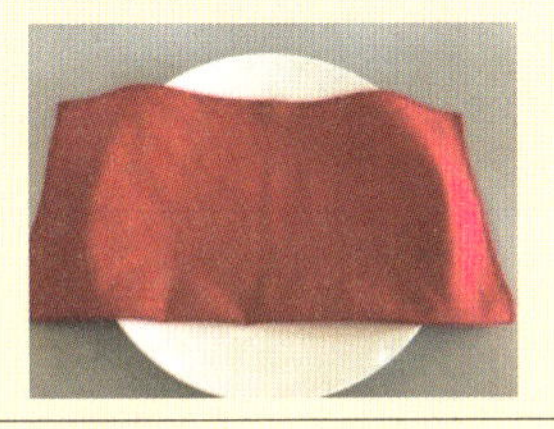	2. 将长方形餐巾左右对折，呈正方形  	3. 将有四个巾角的一端朝向右侧，从中间向两侧推折，捏五褶 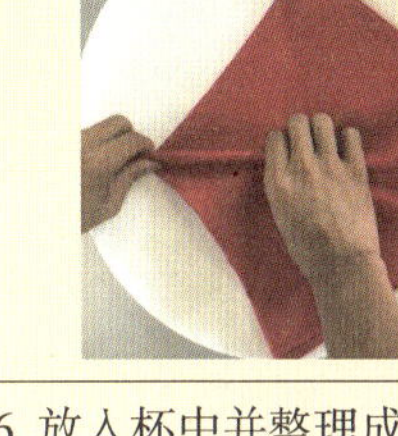
4. 捏紧餐巾褶子的上半部分，将左侧餐巾端竖起来以便包角 	5. 包角 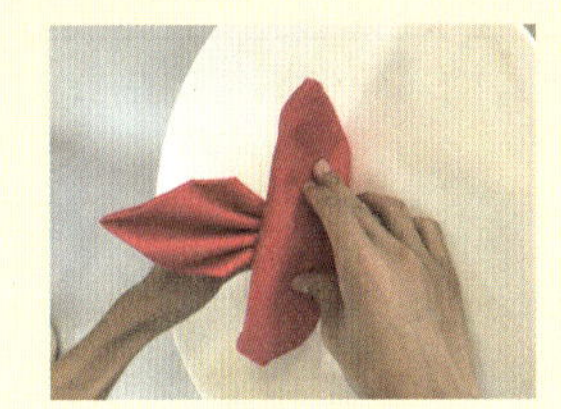	6. 放入杯中并整理成形 

九、牡丹风姿

国色天香，适合女性。牡丹风姿的折法如表 2-12 所示。

表 2-12　牡丹风姿的折法

1. 将餐巾呈正方形放置，上下对折，呈长方形 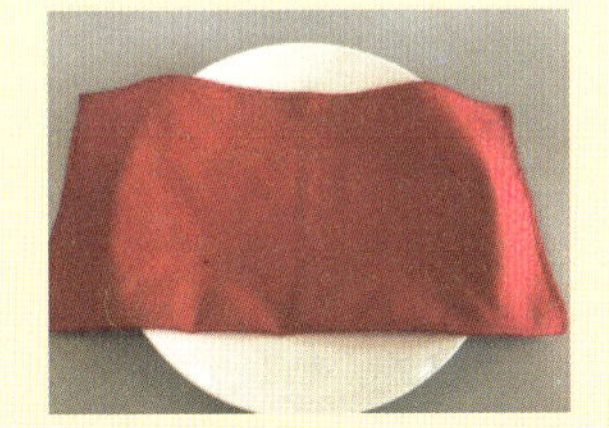	2. 将长方形餐巾左右对折，呈正方形 	3. 将四个巾角端的一层向上翻折 
4. 翻转餐巾，最下边的一层也做同样的翻折 	5. 将多层巾角的一端朝左，从中间向两侧推折，捏五褶 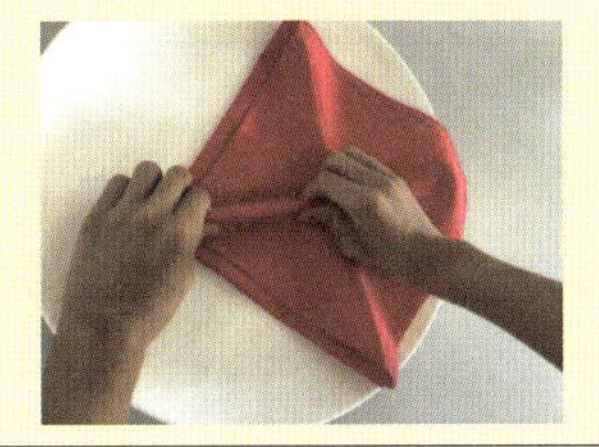	6. 捏紧褶子的上半部分并竖起来，进行包角 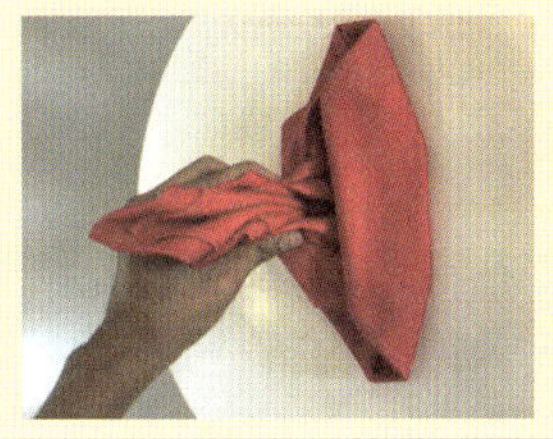

续表

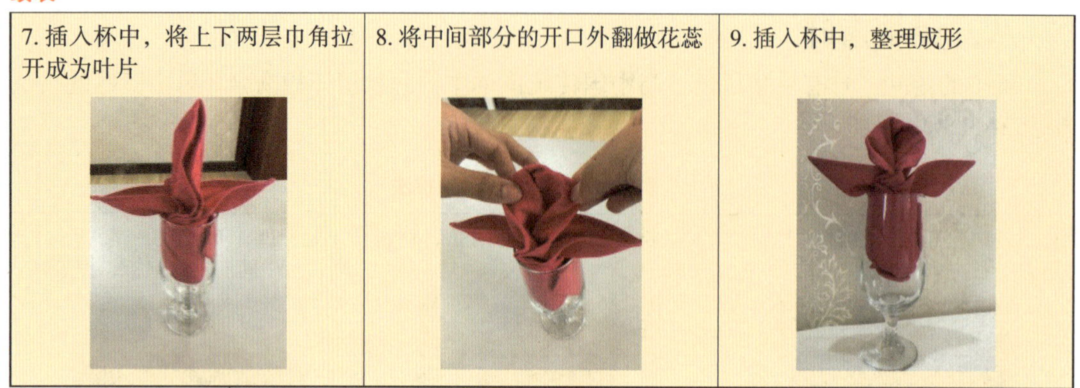

7. 插入杯中，将上下两层巾角拉开成为叶片	8. 将中间部分的开口外翻做花蕊	9. 插入杯中，整理成形

十、水中睡莲

水中睡莲如同静躺于水中的仙女，清新不媚俗。水中睡莲的折法如表 2–13 所示。

表 2–13　水中睡莲的折法

1. 将餐巾呈菱形摆放，上边的角翻折两次，使三角形的底边落在菱形餐巾的横中轴线上	2. 下边的对角做同样的翻折	3. 从中间开始向左右两侧捏褶，捏五褶
4. 将餐巾拢在两手中间并对折	5. 将底下的四个巾角向上拉出做花瓣	6. 放入杯中整理成形

任务实训

在老师的示范和指导下学习以上 10 种餐巾花的折叠方法，并通过反复训练和考核达到 6 分钟以内折叠 10 种餐巾花的速度要求。

任务评价

考核内容	考核要点	考核情况		
		优秀	合格	不合格
杯花折叠	6 分钟以内折叠 10 种不同的杯花并插入水杯中			

拓展延伸

请同学们以小组为单位上网收集其他杯花造型的图片和视频，学习其折法后在班上分享。汇总各小组学到的餐巾花折法，拍摄其折叠步骤，并做成 PPT，将其作为全班同学日后实习工作的资料库。

任务四　盘花折叠六例

任务描述

西餐厅一般使用 4 人位餐台和 6 人位餐台，餐台上的装饰盘中放上盘花能烘托用餐气氛。盘花由于折叠简单、造型快速、卫生实用而成为餐巾花的发展趋势。让我们舞动手指，一展盘花的风采。

任务目标

掌握 6 种西餐盘花的折叠方法，并通过训练达到手法灵活、折叠快速、技能娴熟的目的。

任务准备

除了杯花外，盘花也是餐巾花中重要的一类，下面挑选 6 种常见的盘花做详细的折叠说明，如图 2–5 所示。

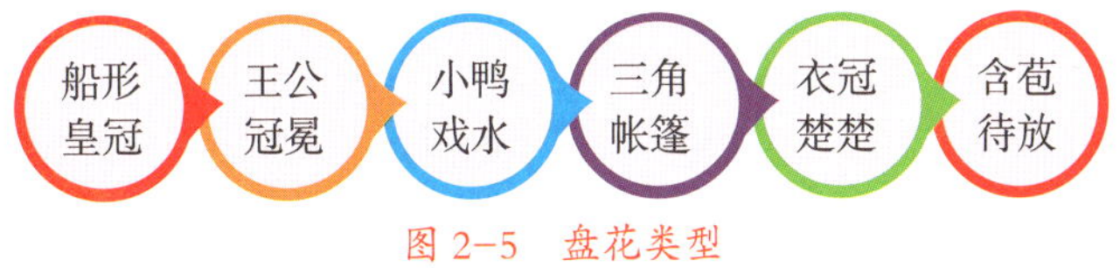

图 2–5　盘花类型

一、船形皇冠

船形皇冠，摆放于主人位可凸显主人的尊贵，具体折法如表 2–14 所示。

表 2–14　船形皇冠的折法

1. 将餐巾呈正方形放置，上下对折，呈长方形	2. 将长方形餐巾的两个对角分别向对边折叠并落在对边的中点上	3. 翻转餐巾，将两条横边分别从中缝处向对边对折
		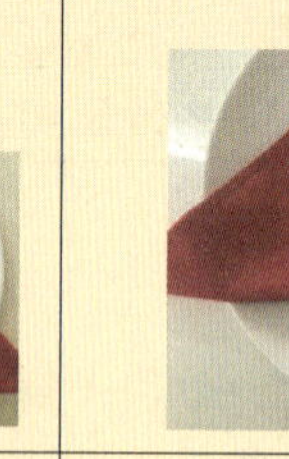
4. 将底边的一个角翻折并插入中间夹层	5. 翻转餐巾，将另一角做同样的翻折	6. 将底部撑开整理成形
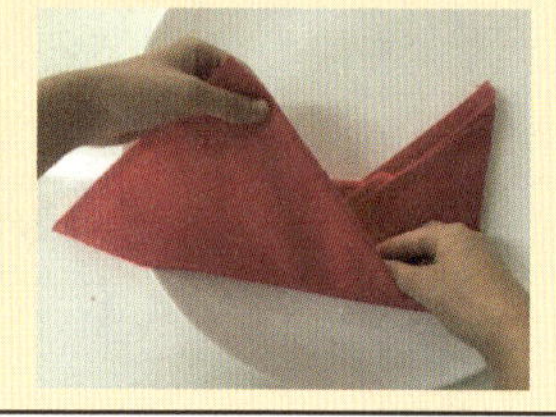	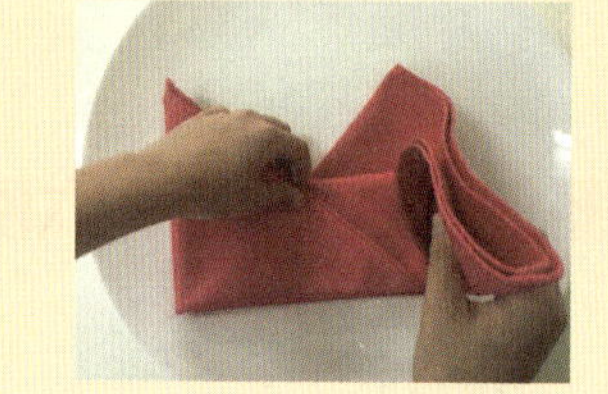	

二、王公冠冕

王公冠冕，彰显身份的尊贵。王公冠冕的折法如表 2–15 所示。

表 2–15　王公冠冕的折法

1. 餐巾呈菱形放置，将其中一角沿对角线对折，呈三角形	2. 将三角形底边的两角向直角端翻折，呈正方形	3. 将四个巾角的对角向上翻折出一个等腰直角三角形

4. 将等腰直角三角形反向翻折，使顶角落在斜边上	5. 翻转餐巾，将底边的两个角翻折并插入对侧的夹层中	6. 将两个巾角下拉，并整理成形

三、小鸭戏水

小鸭戏水，充满童趣，适合儿童。小鸭戏水的折法如表 2–16 所示。

表 2–16　小鸭戏水的折法

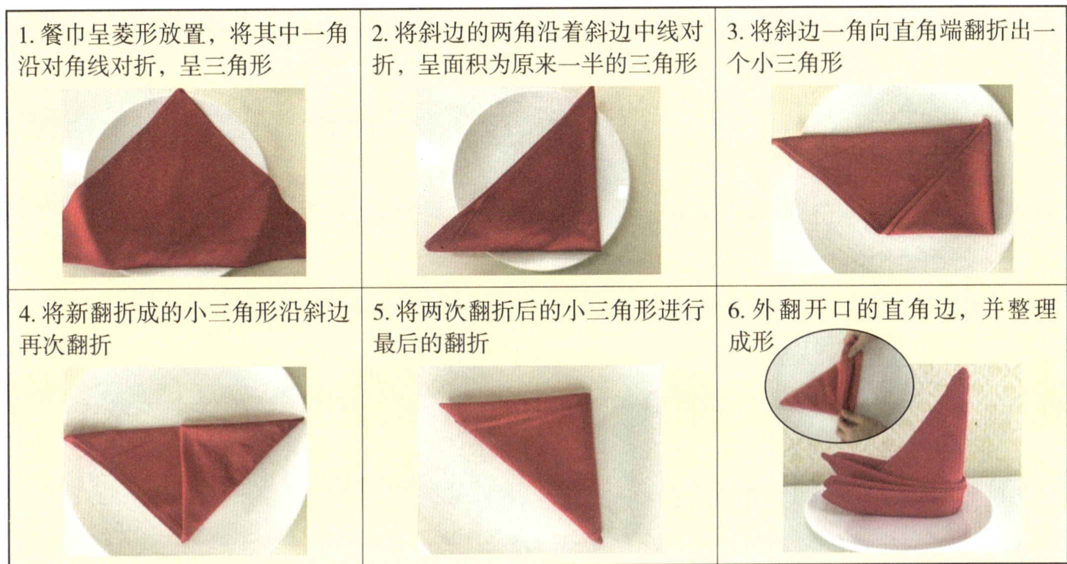

1. 餐巾呈菱形放置，将其中一角沿对角线对折，呈三角形	2. 将斜边的两角沿着斜边中线对折，呈面积为原来一半的三角形	3. 将斜边一角向直角端翻折出一个小三角形
4. 将新翻折成的小三角形沿斜边再次翻折	5. 将两次翻折后的小三角形进行最后的翻折	6. 外翻开口的直角边，并整理成形

四、三角帐篷

三角帐篷又称三明治，折叠简单，美观挺拔，是西餐宴会的常用花型。三角帐篷的折法如表 2–17 所示。

表 2–17　三角帐篷的折法

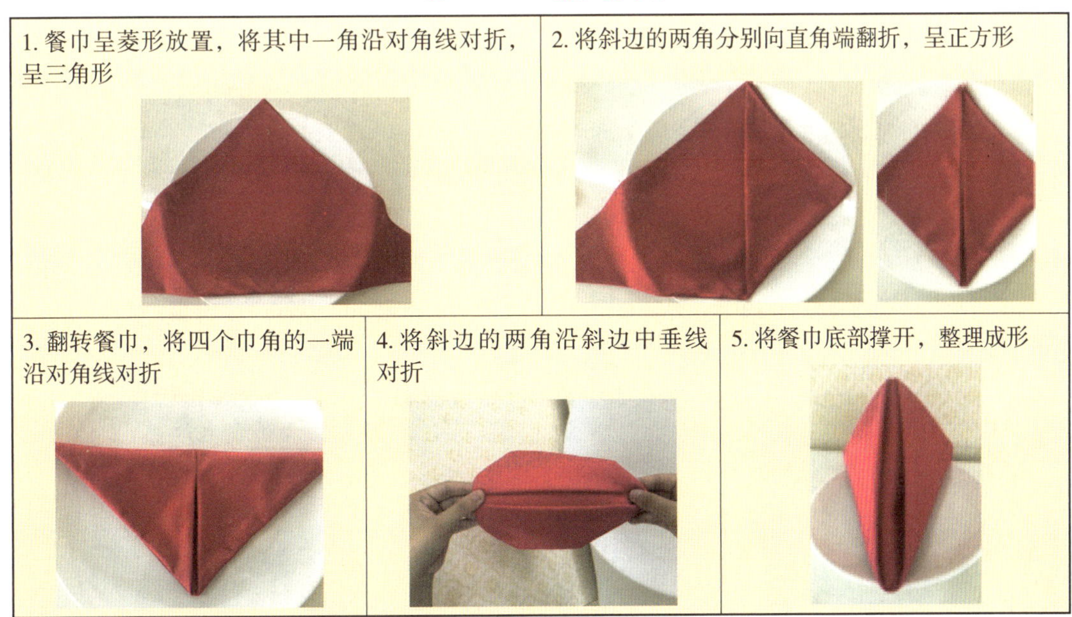

1. 餐巾呈菱形放置，将其中一角沿对角线对折，呈三角形	2. 将斜边的两角分别向直角端翻折，呈正方形	
3. 翻转餐巾，将四个巾角的一端沿对角线对折	4. 将斜边的两角沿斜边中垂线对折	5. 将餐巾底部撑开，整理成形

五、衣冠楚楚

西装革履，衣冠楚楚，适合商务客人。衣冠楚楚的折法如表 2–18 所示。

表 2–18　衣冠楚楚的折法

<table>
<tr><td colspan="2">1. 餐巾呈菱形放置，将其中一角沿对角线对折，呈三角形
</td><td colspan="2">2. 将斜边的两角向直角端错位翻折
</td><td colspan="2">3. 翻转餐巾，将四个巾角端向上翻折
</td></tr>
<tr><td colspan="3">4. 将底部两端分别向中间位置翻折，并将其中一端插入另一端的夹层中
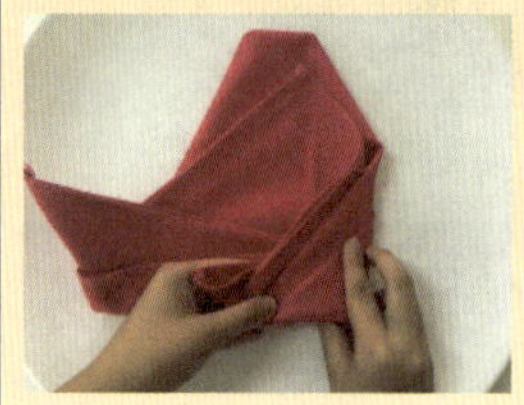 </td><td colspan="3">5. 翻转餐巾，将错位折叠的顶端外翻做衣领，并整理成形
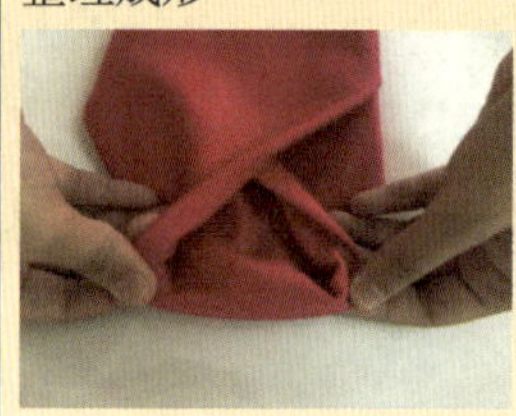 </td></tr>
</table>

六、含苞待放

豆蔻年华，含苞待放，适合少年。含苞待放的折法如表 2–19 所示。

表 2–19　含苞待放的折法

<table>
<tr><td colspan="3">1. 餐巾呈正方形摆放，将餐巾的一边沿三分之一线向对边对折两次，呈长方形
</td><td colspan="3">2. 将长方形的两条短边沿着四分之一线分别向中心线对折
</td></tr>
<tr><td colspan="2">3. 将长方形长边的两角分别向中心线翻折
</td><td colspan="2">4. 翻转餐巾，将另一长边的两角做错位翻折，并插入夹层中
</td><td colspan="2">5. 将餐巾两翼外翻并整理成形
</td></tr>
</table>

任务实训

在老师的示范和指导下学习以上 6 种盘花的折叠方法，并通过反复训练和考核达到 4 分钟以内折叠 6 种盘花的速度要求。

任务评价

考核内容	考核要点	考核情况		
		优秀	合格	不合格
盘花折叠	4 分钟以内折叠 6 种不同的盘花并放入装饰盘中整理成形			

拓展延伸

以小组为单位上网收集其他盘花造型的图片和视频，学习其折法后在班上分享。西餐盘花折叠简单易操作，提倡自创，同学们可以集思广益，创造新的花型为其取名并解释寓意，可在班上展开比赛。

项目三　铺台技能

情景导入

餐饮部吴经理正在宴会厅教一批新员工铺装饰布，年轻的面孔中，身材娇小的小美看似有些紧张，怕自己不够力气操作。吴经理示范完之后让大家逐个试一下，轮到小美时，只见她很费力地打开装饰布，可是，向前推的时候她把整块装饰布甩了出去，小美愣在原地，气氛变得很尴尬。

你能帮小美找到铺装饰布的诀窍吗?

任务一　圆台铺台布

任务描述

在中餐摆台中，台布的定位非常重要，只有台布十字居中，对准正副主人位，其他餐具的摆放才能整齐对称，确保为每位宾客提供一个舒适的就餐位置。

任务目标

掌握中餐圆台铺装饰布和台布的技能要点，并通过反复训练达到一次铺设完成的效果。

任务准备

一、台布的种类和规格

台布也称桌布，在餐台上起着装饰、保洁的作用。台布按质地分，有提花台布、纯棉台布、工艺绣花台布。纯棉台布因为吸湿性能好，成为大多数高级餐厅的首选。在某些中餐宴会场合还会使用装饰布或桌裙，装饰布多采用较厚的带有图案或纯色的棉布，平铺于台布之下，起美化台面、渲染气氛的作用。台布从形状上分，有圆形台布、正方形台布和长方形台布。台布有多种规格，应根据餐桌的大小和形状选择，一般方形台布四边下垂的距离以 20~30 厘米为宜。

二、圆台铺台布的三种方法

圆台铺台布有三种方法，即推拉式、抖铺式、撒网式，如表 2–20 所示。

表 2–20　圆台铺台布的方法

铺台布方法	推拉式	抖铺式	撒网式
技能要点	双手将台布打开置于餐台上，两手拇指和食指分别夹住台布一边距离中线相等的位置，其余三指抓住并收拢台布。将台布贴着餐台推向副主人位，同时松开三指使台布呈扇形打开	台布打开并平行打折后，提拿在手中，利用手腕的力量将台布向前抖开并平铺于餐台上	呈右脚在前、左脚在后的站姿，将台布打开，两手抓住台布边缘与中凸线等距处，平行打折后提起至肩处，上身转体，如同渔民撒网一样利用手臂与身体回旋的力量将台布斜向前撒出去
图　例			

三、中餐圆台铺台布和装饰布

（一）台布的折叠方法

沿纵向凸线对折两次，再横向对折两次。

（二）台布的打开方式

以脚为支点拉开主人位席椅，站于主人位，右脚向前一小步。将台布置于餐台，开口处朝向自己，双手将台布沿着折缝打开，台布中线与餐台中心线重叠。

（三）铺装饰布步骤分解（以推拉式为例）

铺装饰布主要包括收、推、拉和调整四个步骤，如表 2–21 所示。

表 2-21　铺装饰布的步骤

步　骤	收	推	拉	调　整
注意事项	拇指和食指抓住装饰布边缘与中凸线等距离处，上身前倾，其余三根手指将装饰布平行打折并向身体方向收拢，两手内扣，用手腕的力量将两边的装饰布收进两手之间那截装饰布处	上身前倾，两手均匀用力将装饰布平推向副主人位	双手轻轻将装饰布拉正	调整装饰布，确保台面平整无气泡，十字居中，正面朝上，四周下垂距离均等
图例				

（四）铺台布步骤分解（以抖铺式为例）

用抖铺式铺台布，主要有平行打折、抛出平铺等步骤，如表 2-22 所示。

表 2-22　抖铺式步骤分解

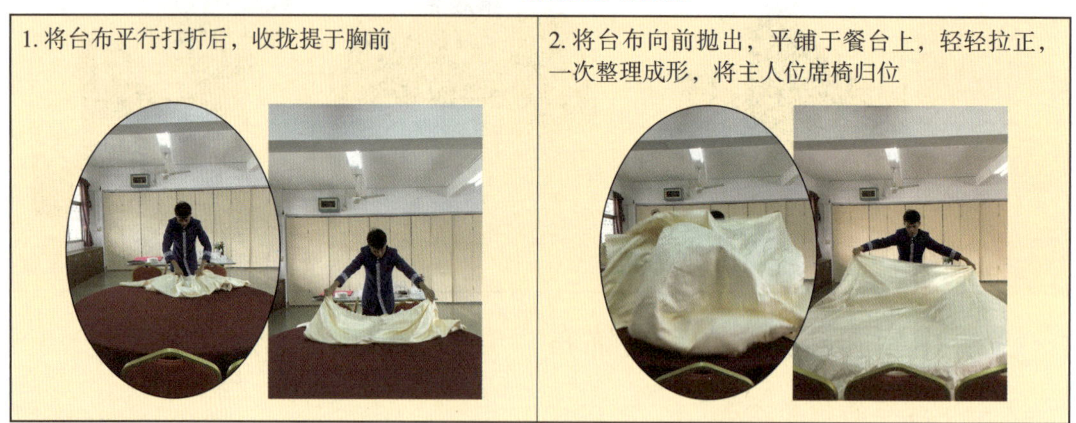

1. 将台布平行打折后，收拢提于胸前	2. 将台布向前抛出，平铺于餐台上，轻轻拉正，一次整理成形，将主人位席椅归位

任务实训

准备餐桌、餐椅、圆形装饰布、台布和秒表。将学生分组，先练习用推拉式铺装饰布，训练一步到位及十字居中，熟练掌握后用抖铺式铺台布。学生掌握技能要点后进行速度训练，力求在一分钟之内铺好装饰布及台布。推拉式和抖铺式考核合格后，尝试使用撒网式进行技能提升训练。

任务评价

考核内容	考核要点	考核情况		
		优秀	合格	不合格
铺装饰布	采用推拉式或抖铺式，一步到位，台布十字居中，正面朝上，台面平整			
铺台布	采用抖铺式，一次铺设完成			

拓展延伸

如何一次完成铺台布

实际的操作考核中，要求台布一次铺设完成，两次操作扣分，三次不得分。在平常的练习中要注意使用手腕的力度，将台布提起来由上而下撒出去，切忌由下向上抛，否则很难全部撒开。当发现第一次铺设有缺陷时，不可围绕餐台去调整台布，而应该继续站在主人位，双手捏住台布两侧边缘，向上向前轻轻抖动台布并下压，利用气流将台布做局部调整。

任务二　方台铺台布

任务描述

西餐讲究优雅，服务员在服务操作时动作幅度不能过大。让我们从西餐铺台布开始优雅之旅吧！

任务目标

用推和拉的方式进行铺台，能够正确迅速地将台布一次铺好。

任务准备

西餐方台铺台布的方法不同于圆台，要求动作不宜过大，常用方法为推和拉，如表2–23所示。

表 2–23　方台铺台布的方法

步　骤	要　点	具体操作	图　例
台布的折叠方法	横向对折	将台布沿着横中凸线对折，上下两层台布分别往对边对折，台布两边往竖中凸线折叠，再对折成长方形	

续表

步骤	要点	具体操作	图例
铺第一块台布	抓边	将台布横向打开，开口朝向自己，中凸线对准桌子纵轴，两手臂张开距离相等，用拇指与食指均匀捏住单层台布左右两侧	
	推铺	前倾身体，将台布向餐桌中央推去的同时松手放下底层台布边	
	退拉	采用退拉方式，捏住第一层台布，边退边拉，徐徐将台布拉正，将台布拉正后放下下垂部分	
铺第二块台布	（同上）	站在主人位，重复以上步骤，注意第二块台布压在第一块台布上，重叠部分宽 5 厘米，两块台布的中凸线对齐	
台面效果要求：四边下垂均等，边角正盖住桌脚；中凸线向上，与台面中心线相重叠；台面平整、无褶皱，两块台布中凸线对正			

任务实训

准备西餐方台、台布、秒表，以小组为单位在西餐实训室进行铺台训练，先由教师示范抓边、推铺、退拉的技能要点，学生分组练习。掌握流程后，进行速度训练，在一分钟之内铺好两块台布。

任务评价

考核内容	考核要点	考核情况		
		优秀	合格	不合格
铺第一块台布	采用推和拉的方式，台布中凸线居中，下垂均等			
铺第二块台布	与第一块台布重叠部分宽 5 厘米，中凸线对齐			

拓展延伸

桌　旗

在西餐宴会摆台中，经常会用桌旗来布置餐台，即铺设完台布后将桌旗铺在桌子的中线上。桌旗一般选用上等的真丝或棉布做成，有质感的桌旗可以提升餐台的格调和品位，营造高雅之感。桌旗的选用应与餐具、餐桌椅的色调及周围的整体装饰相协调。

项目四　摆台技能

情景导入

餐饮部的王经理接到上级通知，要求在本部门甄选一位选手去参加两个月后的全市旅游饭店服务技能大赛，本酒店报名的子项目为中餐宴会摆台。王经理犯愁了，宴会部有四位苗子不错，但比赛要求15分钟之内完成摆台，只有经过严格的训练和筛选才有可能夺取桂冠。王经理决定拟写一份选手训练时间表和考核标准，并对这四位苗子进行系统的培训。

你能帮助王经理设计一份中餐宴会摆台的考核标准吗？

任务一　中餐宴会摆台

任务描述

中餐宴会摆台要求台面整齐美观、便于使用、具有艺术美感，并且操作过程中动作规范、娴熟、敏捷，声轻，姿态优美，体现岗位气质。要达到以上要求，须经过技能的反复锤炼，让我们从摆台流程开始学习吧。

任务目标

熟练掌握中餐宴会摆台的程序和标准，通过训练达到15分钟内规范、娴熟地完成中餐宴会摆台的技能要求。

任务准备

一、摆台前的工作准备

（一）物品清单（以 1 个餐台所需的物品计）

中餐圆形餐台 1 张、工作台 1 张、席椅 10 把、圆托盘 2 个、装饰布及台布各 1 块、花盆 1 个、折叠餐巾花专用大盘 1 个、菜单 2 本、桌号牌 1 个、公用餐具（公筷架、筷子、公勺）2 份。以下摆台餐具用具各 10 份：餐巾、骨碟、汤碗、味碟、汤勺、筷架、筷子、长柄勺、水杯、葡萄酒杯、白酒杯、牙签。

下面介绍几种常见的摆台餐具用具，如表 2-24 所示。

表 2-24　摆台餐具用具

骨　碟 	长柄勺和汤勺 	公筷架及筷架 	水　杯 	折花大盘 
葡萄酒杯 	白酒杯 	花　盆 	味　碟 	汤　碗 

（二）工作台准备

工作台准备应注意物品的归类摆放，便于取拿，高矮有序，并逐个清点，如图 2-6 所示。

图 2-6　工作台准备

二、中餐宴会摆台流程

（一）铺装饰布及台布

参考技能篇——圆台铺台布。

（二）骨碟定位

从主人位开始顺时针一次性定位摆放骨碟，如表 2–25 所示。

表 2–25 摆放骨碟要点

手拿骨碟边缘，骨碟距离桌边 1.5 厘米。主人位和副主人位的骨碟中心与台布中凸缝重叠	骨碟之间间距均等，相对骨碟与餐桌中心点三点一线

（三）摆放汤碗、汤勺和味碟

从主人位开始顺时针方向摆放汤碗、汤勺和味碟，如表 2–26 所示。

表 2–26 汤碗、汤勺和味碟的摆放要点

汤碗位于骨碟左上方 1 厘米处，汤勺位于汤碗中，勺把朝左	味碟位于骨碟右上方，与汤碗间距 1 厘米，且两者之间距离的中点对准骨碟的中心

（四）摆放筷架、筷子、长柄勺、牙签

从主人位开始顺时针方向摆放筷架、筷子、长柄勺和牙签，如表 2–27 所示。

表 2–27 摆放筷架、筷子、长柄勺和牙签的要求

筷架、筷子、长柄勺、牙签在托盘中的摆放	筷架摆在味碟右边，与汤碗、味碟的横中线在一条水平线上，筷架左侧边缘位于骨碟右侧的切线上	长柄勺位于筷架上，牙签置于长柄勺与筷子之间，底部与长柄勺齐平	筷子摆在筷架上，正面朝上，其右下角距离桌边 1.5 厘米

（五）摆放葡萄酒杯和白酒杯

葡萄酒杯摆在汤碗与味碟之间距离的中垂线上，白酒杯摆在葡萄酒杯正右侧，杯肚间隔 1 厘米。

（六）餐巾折花与摆放水杯

折叠 10 种餐巾杯花放入水杯并摆上台面，三杯呈一直线，如表 2–28 所示。

表 2–28　杯花摆放

折叠 10 种不同的餐巾花，放入水杯，不超过杯子的 2/3。将折叠好的餐巾花及水杯一起用托盘摆上桌	水杯位于葡萄酒杯左侧，杯肚间隔 1 厘米，三杯杯底中心点成一水平线，水杯杯肚与汤碗之间距离 1 厘米

（七）摆放公用餐具

公用餐具摆放在正副主人位餐位上方，先摆副主人位，公用筷架摆于水杯正上方，与杯肚的垂直切线相距 3 厘米。摆放公勺、公筷时，尾端朝右。

（八）摆放花盆

可徒手摆放花盆，将花盆摆在台面正中。

（九）摆放桌号牌、菜单

桌号牌面对副主人位，摆于花盆正前方，菜单摆于正副主人餐位右侧，右尾端距离桌边 1.5 厘米。

公用餐具和台面物品的摆放要注意手法及操作规范，如图 2–7 所示。

图 2–7　公用餐具和台面物品的摆放

（十）巡台检查

待所有工作完成后，按顺时针方向巡台检查，确保台面美观、具有艺术感。

任务实训

在老师的示范和指导下将训练程序分为骨碟定位训练，汤碗、汤勺、味碟摆放的训练，筷子、筷架、长柄勺和牙签摆放的训练，摆放三杯及餐巾折花的训练，公用餐具及台面物品摆放的训练等阶段。入门训练时，每操作完一次用尺子测量台面各餐具用具间的距离，找准定位点，熟练后脱离尺子的帮助，并通过组内互评、分析问题、反复训练等环节达到技能娴熟的目的。

各小组熟练掌握中餐宴会摆台流程后，进行速度训练，限定每一环节的操作时间，将总时间控制在 15 分钟以内。

任务评价

考核内容	考核要点	考核情况		
		优秀	合格	不合格
中餐宴会摆台	15 分钟之内完成，要求物品摆放规范整齐，台面整体和谐，餐具间距离符合要求			

拓展延伸

走进中餐宴会摆台国赛

每年的全国职业院校技能大赛中职组“酒店服务”赛项是中等职业学校旅游饭店专业的盛宴，各省份的教育行政部门会选送符合条件的优秀学生报名参加比赛。竞赛内容包括现场实操和理论竞赛。实操部分为中餐宴会摆台与服务及客房中式铺床（均含仪容仪表展示），所占的分数比例为 80%；理论竞赛包括专业理论和专业英语，所占分数比例为 20%。

任务二　中餐零点摆台

任务描述

据说秦汉以前，农业尚不发达导致生产的粮食有限，人们一天只能吃两顿饭。汉代以后，一日两餐逐渐改为一日三餐或四餐，并演化为早餐、午餐和晚餐，现代餐厅将其称为零点，那中餐零点的餐台如何摆放呢？

任务目标

了解中餐零点摆台的种类，熟练掌握中餐早餐和午、晚餐摆台的程序和标准。

任务准备

中餐零点摆台程序基本按照中餐宴会摆台的流程进行，所需餐具相对较少，且就餐者无主客身份之分，只需根据餐别准备物品即可，分为早餐摆台和午、晚餐摆台。

一、台面定位

将餐碟定位于席椅的正前方，相对餐碟与餐台中心成一直线，餐碟之间间距均等，如图 2–8 所示。

图 2–8　台面定位

二、中餐早餐摆台

中餐早餐摆台的程序主要有铺台布、骨碟定位、摆放汤碗汤勺、摆放筷架筷子、摆放餐巾花和摆放公用餐具等，如图 2–9 所示。

图 2–9　早餐摆台程序

中餐早餐摆台常见于酒楼茶市，其摆放应遵循一定的操作要求，如表 2–29 所示。

表 2–29　中餐早餐摆台要点

程　序	操作要求	图　例
铺台布	参考技能篇——圆台铺台布	
骨碟定位	顺时针方向依次摆放于席位正中，距离桌边 1.5 厘米	
摆放汤碗汤勺	汤碗摆放在骨碟左上方 1 厘米处，汤勺置于汤碗中，勺把朝左	
摆放筷架筷子	筷架摆于骨碟右前侧，与汤碗横向中心成一条直线，筷子放于筷架上，图案文字正面朝上，筷子右下角距离桌边 1.5 厘米	
摆放餐巾花	折叠盘花放置于骨碟中	
摆放公用餐具	花瓶置于餐台中央，台号牌放于花瓶前面向餐厅大门，调味瓶、牙签筒放于花瓶左侧	

三、中餐午、晚餐摆台

中餐午、晚餐摆台的主要程序有铺台布，骨碟定位和摆放汤碗汤勺、筷架筷子、水杯、餐巾花、公用餐具、烟灰缸，如表 2–30 所示。

表 2-30　中餐午、晚餐摆台程序

程　序	操作要点	图　例
铺台布	参考技能篇——圆台铺台布	
骨碟定位	顺时针方向依次摆放于席位正中，距离桌边 1.5 厘米	
摆放汤碗汤勺	汤碗摆在骨碟左上方 1 厘米处，汤勺置于汤碗中，勺把朝左	
摆放筷架筷子	筷架摆于骨碟右前侧，与汤碗横向中心成一条直线，筷子放于筷架上，图案文字正面朝上，筷子距离骨碟 1 厘米，筷尾右下角距离桌边 1.5 厘米	
摆放水杯	水杯摆在骨碟正前方 3 厘米处	
摆放餐巾花	可将餐巾折叠成盘花放置于骨碟中，或折叠成杯花放于水杯内	
摆放公用餐具	花瓶置于餐台中央，台号牌放于花瓶前面向餐厅大门，调味瓶、牙签筒放于花瓶左侧	
摆放烟灰缸	如果餐台位于吸烟区，则摆放四只烟灰缸，两两对称成正方形，摆于席位右侧	

任务实训

参考中餐宴会摆台的物品清单，罗列出中餐早餐摆台及午、晚餐摆台所需的餐具用具，并以小组为单位领取，做好摆台前的准备工作。教师示范中餐早餐摆台，学生分组操作。熟练掌握中餐早餐摆台后，学生尝试参考课本自主学习中餐午、晚餐摆台，并按吸烟区和非吸烟区的要求摆放。

任务评价

考核内容	考核要点	考核情况		
		优秀	合格	不合格
中餐早餐摆台	11 分钟之内完成，要求物品摆放规范整齐，台面整体和谐，餐具间距离符合要求			
中餐午、晚餐摆台	13 分钟之内完成，要求物品摆放规范整齐，台面整体和谐，餐具间距离符合要求			

拓展延伸

饭店礼仪——插花

在中餐的餐台上，造型灵动的插花可以传达友情、亲情、爱情，表达欢迎、敬重、致庆、慰问等。插花是指切取植物枝、叶、花、果等可供观赏的部位，将其作为主要素材，经过艺术构思和创作，重新配置成一件花卉艺术品。中国式的插花崇尚自然，讲究优美的线条和自然的姿态，按植物生长的自然形态，有直立、倾斜和下垂等不同的插花形式。

任务三　西餐零点摆台

任务描述

暑假期间，从小跟着爷爷奶奶在乡下生活的小张来到城里与父母相聚。父母想趁此机会带儿子体验城市人的生活，于是带着小张来到某酒店的西餐厅用餐。小张对台面上精致的不锈钢餐具爱不释手，心想：这些餐具的摆放有什么要求呢？

任务目标

认识常用的西餐餐具，掌握西餐早餐摆台和午、晚餐摆台的要点与规范，通过训练达到技能娴熟的目的。

任务准备

一、西餐常用餐具介绍

（一）不锈钢餐具类

西餐的不锈钢餐具种类繁多，讲究吃什么菜用什么餐具，常用的不锈钢餐具如图 2–10 所示。

图 2–10　不锈钢餐具

下面详细介绍几种常用的摆台及服务餐具，如表 2–31 所示。

表 2–31　不锈钢餐具

餐　具	用　途	图　例
牛排刀	用于吃牛排，刀刃有齿	
正餐刀	用于吃西餐主菜，长约 20 厘米	
正餐叉	吃主菜时与正餐刀搭配，吃牛排时与牛排刀搭配，吃意大利面时与汤匙搭配	

续表

餐　具	用　途	图　例
鱼刀	专用于吃鱼类菜肴，刀刃与刀柄不在一条水平线上	
鱼叉	叉齿尖且薄	
清汤匙	用于食用清汤或米饭，吃意大利面时左手拿匙，右手持叉	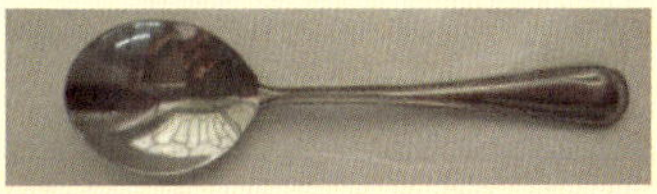
开胃品刀	又称头盘刀	
开胃品叉	又称头盘叉	
甜点叉	又称沙拉叉或小餐叉，可作儿童餐叉	
甜点匙	又称小餐匙，可作儿童餐匙，用于食用甜点	
黄油刀	用于涂抹黄油、果酱等，外形似鱼刀，比鱼刀小	
服务匙	最大的匙，又称分菜匙，与服务叉搭配用于分菜	
服务叉	最大的叉，又称分菜叉	

（二）陶瓷玻璃类及其他摆台用具

陶瓷玻璃类餐具常见的主要有装饰盘、面包盘、黄油碟、椒盐瓶、糖缸、奶盅、咖啡杯和玻璃杯等，如表 2–32 所示。

表 2–32　陶瓷玻璃类餐具及其他

装饰盘	面包盘	黄油碟	椒盐瓶	糖　缸

奶　盅	咖啡杯	烟灰缸	三　杯	蜡烛台

二、西餐零点摆台

西餐零点摆台包括早餐摆台和午、晚餐摆台。早餐摆台须摆上咖啡杯具；午、晚餐摆台相对于早餐摆台复杂些，也更加注重摆台的规范性及手法的正确性。

（一）西餐早餐摆台

西餐早餐摆台主要包括 7 个步骤，如表 2-33 所示。

表 2-33　西餐早餐摆台

程　序	操作要点	图　例
铺台布	台布中凸线折缝落于餐桌的竖中线上，四周下垂部分长度均等	
摆放装饰盘	可用托盘操作或将口布两次对折成正方形垫于左手托起装饰盘。采用抠盘方式，握装饰盘右侧操作，装饰盘位于席椅正前方，距离桌子边缘 1 厘米	
摆放餐刀叉	在装饰盘右侧 1 厘米处摆餐刀（刀刃朝左），左侧 1 厘米处摆餐叉，餐具距离桌边 1 厘米。餐具的拿法是右手拇指与食指捏住餐具颈部两侧	
摆面包盘、黄油刀、黄油碟	面包盘摆于餐叉左侧 1 厘米处，与装饰盘中心的连线在一条直线上。黄油刀摆放在面包盘右侧约三分之一处。黄油刀上方 3 厘米处摆黄油碟，黄油碟左侧边沿与面包盘中心线相切	
摆放咖啡杯具及水杯	咖啡杯具摆放于餐刀右侧，杯柄朝右，咖啡匙置于咖啡碟右侧。奶盅、糖缸摆在咖啡杯上方，在餐刀正上方 2 厘米处摆放水杯	
摆放餐巾花	将餐巾花放于装饰盘中	
摆放花瓶、烟灰缸及椒盐瓶	花瓶位于餐桌正中央，牙签盅、椒盐瓶和烟灰缸摆于花瓶左右两侧。牙签盅与烟灰缸底部压在台布中凸线上，椒盐瓶间距中心对准台布中凸线，两瓶相距 1 厘米	

（二）西餐午、晚餐摆台

西餐午、晚餐摆台的操作步骤基本一致，如图 2-11 所示。

图 2-11　西餐午、晚餐摆台步骤

其中，汤勺放于餐刀右侧，距桌边 1 厘米（同装饰盘），与餐刀最窄处距离 0.5 厘米。甜品叉匙平行摆放在装饰盘正前方，甜品叉靠近装饰盘，叉柄朝左，距装饰盘 1 厘米。甜品勺摆于甜品叉外侧，勺柄向右，距甜品叉 0.5 厘米。水杯摆在主餐刀尖上 2 厘米处，红酒杯放于水杯右下方，两杯成一斜直线，向右与水平线呈 45 度角。其他物品的摆放参考西餐早餐摆台（如图 2-12 所示）。

图 2-12　西餐午、晚餐摆台

任务实训

在教师的指导下列出西餐早餐和午、晚餐摆台的物品清单，以小组为单位领取摆台餐具用具，布置工作台，并进行分阶段的训练。第一阶段，教师先讲解示范早餐摆台的要点和注意事项，学生分组练习，教师再巡台指导。小组成员之间轮流练习，相互点评。第二阶段，小组成员自行尝试西餐午、晚餐台面的摆放，由教师点评指导，掌握正确的流程和规范后反复训练并考核，为西餐宴会摆台打好技能基础。

任务评价

考核内容	考核要点	考核情况		
		优秀	合格	不合格
西餐早餐摆台	6 分钟之内完成 4 人位西餐早餐台面的摆放			
西餐午、晚餐摆台	10 分钟之内完成 4 人位西餐午、晚餐台面的摆放			

拓展延伸

西餐摆台要领

西餐摆台有一定的顺序要求，应先摆餐盘定位，后摆各种刀、叉、匙，再摆面包盘、黄油刀、各种酒杯，最后上餐巾和调味瓶等。摆台时应遵循餐盘正中、左叉右刀、先里后外、叉尖向上、刀口朝盘的原则。另外，西餐摆台中对于席椅的摆放要求与中餐类似，要求席椅之间距离基本相等，相对席椅的椅背中心对准，席椅边沿与下垂台布相距 1 厘米。

任务四　西餐宴会摆台

任务描述

小张的父母从事外贸工作，最近有位外国友人邀请他们参加生日宴会，小张跟随父母前往指定的饭店赴宴。小张走进餐厅时，只见长条桌上铺着洁白的纯棉台布，餐台上摆放着各式精致的不锈钢餐具，镶金边的陶瓷餐具为台面增添了几许高贵，水晶杯在灯光的映衬下发出璀璨的光芒，复古的烛台把小张带进古典浪漫的意境。小张数了数，自己的台位上有 10 个刀叉勺，应该怎么用呢?

任务目标

掌握西餐宴会摆台的要点和规范，并通过训练达到技能娴熟、操作具有观赏性的目的。

任务准备

一、西餐宴会工作台布置

西餐宴会的工作台布置应注意物品归类摆放，卫生美观，便于取拿，高低有序。各种不锈钢餐具应放于垫布上，防止二次污染。

二、西餐宴会摆台流程

西餐宴会摆台流程主要包括铺台布，席椅定位，摆装饰盘和刀叉勺、面包盘、黄油刀、黄油碟、杯具、花瓶或装饰物、牙签盅和椒盐瓶、折盘花，如图 2–13 所示。

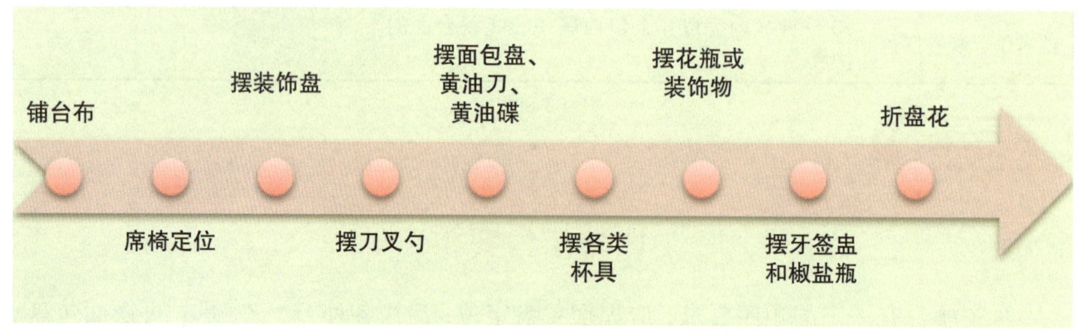

图 2–13　西餐宴会摆台流程

（一）铺台布

详见技能篇——方台铺台布。

（二）席椅定位

站在主人位正后方，双手握住椅背两侧，四指贴住椅背，拇指在前，借用膝盖顶住的力量将椅子往前推至其边沿距桌沿竖切线 1 厘米的位置。椅子之间距离均等，顺时针方向摆设。

（三）摆放装饰盘

装饰盘中心与席椅中心对准，距离餐桌边缘 1 厘米，顺时针方向摆放。

（四）摆放刀、叉、勺

西餐宴会台面操作的关键是刀、叉、勺的摆放，每件餐具的摆放应注意位置准确、手法卫生、动作轻巧、距离符合要求，如表 2–34 所示。

表 2–34　刀、叉、勺摆放要求

从装饰盘右侧 1 厘米起，从左往右依次摆放正餐刀、鱼刀、汤勺、头盘刀	各刀勺间距 0.5 厘米，垂直于桌子边沿摆放，距离桌沿同装饰盘（鱼刀叉除外）。装饰盘上方摆放甜品叉勺	装饰盘左侧 1 厘米起，从右往左依次摆放正餐叉、鱼叉、头盘叉，各餐叉间距 0.5 厘米。为使台面更富有层次感，通常将鱼刀叉距离桌沿 5 厘米摆放

（五）摆放面包盘、黄油刀、黄油碟

详见西餐早餐摆台。

（六）摆放白葡萄酒杯、红酒杯和水杯

摆放顺序从右向左为白葡萄酒杯、红酒杯和水杯。白葡萄酒杯摆于开胃品刀正上方 2 厘米处，杯底中心在开胃品刀的中心线上。红酒杯和水杯摆于白葡萄酒杯的左上方，三杯成斜直线，向右与水平线呈 45° 角，各杯身相距 1 厘米，如图 2–14 所示。

图 2–14　西餐宴会三杯摆放

（七）摆放花瓶（花坛）或台面装饰物以及烛台

花瓶（花坛）或台面装饰物置于餐桌中央，高度不超过 30 厘米，可徒手操作。烛台摆于餐台两

侧适当位置，一般距离花瓶 10 厘米，烛台底座中心压在台布的中凸线上，如图 2–15 所示。

图 2–15　花瓶及烛台摆放

（八）摆放牙签盅和椒、盐瓶

椒、盐瓶间距中心对准台布中凸线，瓶壁相距 1 厘米，距离烛台 10 厘米，按左椒右盐对称摆放。牙签盅对准台布中凸线摆放，底部与椒、盐瓶瓶底相距 2 厘米。

（九）折餐巾盘花

要求餐巾花突出正、副主人位，造型美观挺括。

任务实训

在教师的指导下罗列出西餐宴会摆台的物品清单，以小组为单位领取摆台餐具用具，布置工作台。先由教师讲解示范西餐宴会摆台的要点和注意事项，学生分组练习，教师再巡台指导。小组成员之间轮流练习，相互点评，熟练之后进行阶段性考核，15 分钟之内完成 6 人位餐台的西餐宴会摆台。

任务评价

考核内容	考核要点	考核情况		
		优秀	合格	不合格
西餐宴会摆台	15 分钟之内完成 6 人位西餐宴会台面的摆放			

拓展延伸

西餐宴会摆台仪容仪表要求

进行西餐宴会摆台的服务员要头发干净整洁，不染发；男士不留胡子，女士化淡妆；指甲修剪整齐，不涂指甲油；着岗位工作服，熨烫挺括，纽扣整齐，不得将衣袖、裤脚卷起；着黑色皮鞋，男士穿深色袜子，女士穿肉色丝袜；不得佩戴除手表外的其他饰物。

项目五　斟酒技能

情景导入

丽晶酒店宴会厅正在举办一场盛大的中式婚礼，新娘甜美可人，新郎一表人才，在场的亲朋好友纷纷举杯表示祝福。突然间，场内的一声尖叫打破了温馨浪漫的气氛，原来是服务员小张斟酒时不小心打翻酒杯而将红酒溅洒到新娘的姑妈身上。众人将眼光投过去，只见新娘的姑妈揪着服务员的衣服不放，口里大声嚷嚷说她这身白色的刺绣衣服非常贵，要服务员赔偿。尽管服务员说了无数次抱歉，但也无法浇灭客人心中的怒火。最终，餐厅经理出面协商，对女方的亲戚好生安慰并进行赔偿，这场婚礼风波才过去了。

任务一　斟酒基础知识

任务描述

在餐饮服务中，无论是中餐还是西餐，都要求服务人员提供斟酒服务。服务员掌握相关的酒品知识和正确的服务方法，对于提高服务质量十分重要。

任务目标

掌握酒水的示酒和开启方法的技能要点，能独立地进行示酒和开瓶服务。

任务准备

一、示酒

（一）示酒的作用

（1）确认酒水品牌是否正确，核对包装是否完好，酒液有无浑浊现象。

（2）确认酒标是否完整，酒名、产区、年份、品种是否正确。

（3）表示对客人的尊重。

图 2–16　示酒

（二）示酒的方法

站在客人右侧，右手握住瓶颈，左手用折叠好的服务巾托住瓶底，酒标朝向客人呈 45° 倾斜，如图 2–16 所示，客人认可后进行下一步。

二、酒水的开启方法（以葡萄酒为例）

常见的酒瓶封口有瓶盖、易拉罐、瓶塞等。开瓶是指开启软木制成的瓶盖或瓶塞，其流程如图 2–17 所示。

去掉封口锡纸

用服务巾揩擦软木塞和瓶颈

将开瓶器的螺旋锥转入瓶塞

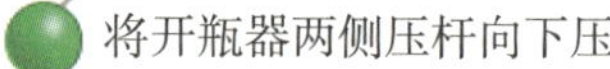
将开瓶器两侧压杆向下压

向上用力拔出软木塞

用服务巾擦拭瓶口

图 2–17　开瓶流程

葡萄酒的开瓶过程中动作要轻，避免晃动酒瓶，以免瓶底酒渣窜起。具体方法为将开瓶器的螺旋锥转入软木塞，加压旋转开瓶器，待两侧压杆上升时，用力向下压，左手握住瓶颈，右手握住开瓶器向上牵引，取出软木塞，如图 2–18 所示。

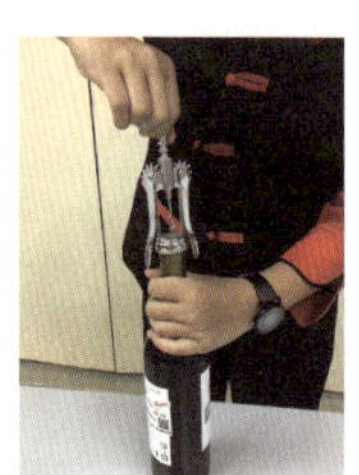
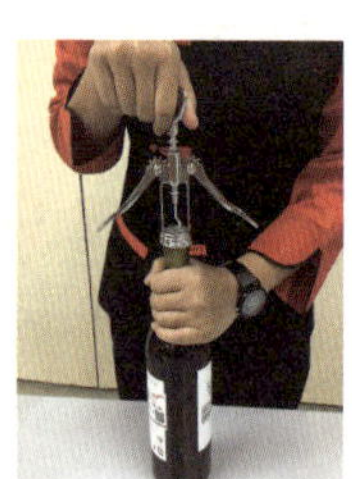

图 2–18　葡萄酒的开瓶方法

三、示酒与开瓶的操作标准和要求（以红葡萄酒为例）

为客人开酒时按检查、示酒、开瓶和摆放的流程进行，如图 2–19 所示。

检查 → 示酒 → 开瓶 → 摆放

图 2–19　开酒流程

领取酒水后将瓶身擦拭干净，检查瓶身是否破裂，瓶内有无悬浮物、浑浊沉淀等变质现象。示酒时，若非冰镇的酒水可以不使用服务巾。开瓶时要正确使用开瓶器，当瓶塞出瓶后应嗅辨是否有酸败霉变的味道（如图 2–20 所示）。最后用服务巾擦拭瓶口，冰镇的酒水要擦干瓶身。酒水开启完毕后要将瓶塞放于小碟上，给宾客过目，开启的酒瓶要留在宾客餐桌上，可放于酒篮或酒架上。离开时将软木塞、瓶盖、封口锡纸等带走，不要留在餐桌上。

图 2–20　嗅辨瓶塞

任务实训

准备葡萄酒开瓶器若干个、葡萄酒瓶、软木塞、水、服务巾或口布。以小组为单位，采用情景模拟法和角色扮演法，先由一位同学扮演服务员，另外的小组成员扮演宾客，在西餐实训室练习示酒与开瓶服务。小组成员间轮流训练并互评。

任务评价

考核内容	考核要点	考核情况		
		优秀	合格	不合格
示　酒	示酒动作的规范性和连贯性			
开启酒水	正确使用开瓶器			
示酒与开瓶服务	按照检查、示酒、开瓶和摆放的程序标准进行			

拓展延伸

香槟酒的开启方法

香槟酒瓶内压力较大，开瓶时瓶口不能朝向客人。开启时先剥除瓶口封套，用右手握住瓶身，倾斜 45° 用拇指紧压软木塞，用左手拧松铁丝帽并卸掉，然后左手紧握瓶塞并转动瓶身，利用瓶内气压及手拔的力量弹挤软木塞。为防止酒沫溢出，应将瓶子倾斜几秒钟，再去除软木塞。

任务二　徒手斟酒

任务描述

西餐厅王经理正在培训新员工斟酒，其中，高大帅气的小超跃跃欲试，可是，轮到他练习时，由于手腕不灵活，酒水洒得到处都是。尽管是拿自来水练习，可是，看着台布上的水渍，小超心里有点气馁。你能帮小超解决这个技能上的难题吗？

任务目标

熟悉常见酒类的斟酒量，掌握斟酒的持瓶姿势及回瓶要诀，能独立地提供徒手斟酒服务。

任务准备

一、斟酒量

斟酒量要均匀：红葡萄酒二分之一杯；白葡萄酒和中餐白酒三分之二杯；香槟酒分两次斟倒，先斟至三分之一杯，待泡沫平息后，再斟至三分之二杯。

二、持瓶姿势及回瓶要诀

（一）持瓶姿势

右手放于酒瓶中下段，叉开拇指，食指略指向瓶口，其余三指并拢握住瓶身，掌心贴于酒瓶商标的另一方，将酒瓶握稳在手中，如图 2-21 所示。

图 2-21　持瓶姿势

（二）回瓶要诀

回瓶要诀主要包括四个：停、抬、转、收，如表 2-35 所示。

表 2-35　回瓶要诀

要　诀	操作要领	图　例
停	斟至适量时应稍停一下，不可突然抬起瓶身	
抬	将瓶口稍前倾并抬高 1 厘米左右	
转	旋转瓶身，使最后一滴酒均匀地分布在瓶口上	
收	以弧线路径收回酒瓶	

三、斟酒的方式

斟酒一般采用桌斟进行，有徒手斟酒和托盘斟酒两种方式。徒手斟酒是右手握酒瓶，左手持一块折叠好的服务巾置于背后，用于斟酒后擦拭瓶口。托盘斟酒是左手托住托盘，右手从托盘中取下酒瓶斟酒，每个餐位换瓶斟酒。

四、西餐徒手斟酒

西餐徒手斟酒主要包括准备、站位、姿势和换位四个要点，注意操作规范，如表 2–36 所示。

表 2–36　西餐徒手斟酒的操作规范

要点及操作规范	准备：将服务巾折叠成条状包于瓶颈，不能遮挡酒瓶的商标，右手握住酒瓶的包布。左手持一块折叠成小方形的服务巾置于背后	站位：站于客人右后侧，右腿在前，插站于两席椅之间，身体侧向客人，左腿在后稍稍踮起，上身略微前倾	姿势：左手置于身后，右手持瓶，商标朝向客人，小臂呈 45°，巧用腕力。斟完酒，用左手中的服务巾擦拭瓶口	换位：换位斟酒时，先左脚掌落地，右脚收回与左脚并齐，身体恢复原状
图例				

任务实训

准备餐巾、酒瓶、水、西餐宴会摆台餐具用具，摆放西餐午、晚餐台面或西餐宴会台面。以小组为单位，采用情景模拟法和角色扮演法，先由一位同学扮演服务员，另外的小组成员扮演宾客，在西餐实训室练习徒手斟酒，斟倒顺序为水、白葡萄酒、红葡萄酒，小组成员间轮流训练并互评。

任务评价

考核内容	考核要点	考核情况		
		优秀	合格	不合格
持　瓶	持瓶姿势正确规范，不遮挡酒标			
回　瓶	按停、抬、转、收进行回瓶			
徒手斟酒	从准备、站位、姿势和换位四个要点进行徒手斟酒的服务操作			

拓展延伸

葡萄酒的储存

葡萄酒在酒瓶之内，会经历从少年、壮年直至暮年的历程，因此，若保存不当，将损失其风味。葡萄酒储存的基本条件是阴凉通风、恒温、无震动、无强光直射、保持适当的温度。其中，温度要求控制在 7℃ ~18℃，相对湿度保持在 75% 左右。上等的干白葡萄酒最好在生产后 5 年内饮用，甜白葡萄酒在生产后的 5~10 年内饮用，年份波特酒（加强型甜葡萄酒）必须贮存 10 年后才能饮用。

任务三　托盘斟酒

任务描述

中餐宴会一般使用托盘进行斟酒服务，要求为客人斟倒葡萄酒和白酒，斟酒量要均匀，不滴不洒。

任务目标

熟悉斟酒的注意事项，掌握托盘斟酒的技能要点并能独立地提供托盘换位斟酒服务。

任务准备

一、斟酒的注意事项

斟酒时，应留意瓶内酒量的变化，酒量越少，流速越快，可借用腕力调整倾斜角度以控制流速。斟酒时不要站在客人左侧，不可左右开弓为两位客人斟酒，不能隔位斟、反手斟。斟啤酒时，为防止泡沫冲出，可沿杯壁慢慢斟入。需将酒液和汽水混合时，应先倒汽水再斟酒，以免汽水对酒液造成冲击。

二、中餐托盘斟酒

中餐宴会一般采用托盘斟酒的方式，要掌握托盘斟酒的要点和操作要求，如表 2-37 所示。

表 2-37　中餐托盘斟酒方式

要点与操作要求	准备：将酒瓶合理摆放于托盘内	姿势：双手托盘，让托盘保持平稳	站位：侧身，身体前倾，右脚跨前，左脚稍稍踮起，伸右臂斟倒	换位：回瓶后以弧线路径将酒瓶放回托盘，右脚收回
图例				

任务实训

准备托盘、水、红酒瓶、白酒瓶、中餐宴会摆台餐具用具。摆好中餐宴会台面，各小组配备 1 个红酒瓶和 1 个白酒瓶，装 8 分满的水。以小组为单位，采用情景模拟法和角色扮演法，先由一位同学扮演服务员，另外的小组成员扮演宾客，在中餐实训室练习托盘斟酒。具体的训练方法为：将要斟倒的酒水装盘，从第一主宾位开始，每个餐位换瓶斟酒，顺时针方向连续斟倒 5 个餐位，先斟红酒再斟白酒共 10 杯。

任务评价

考核内容	考核要点	考核情况		
		优秀	合格	不合格
托盘斟酒	3 分钟之内完成中餐宴会连续 5 个餐位的托盘斟酒服务。先葡萄酒再白酒，每个餐位换瓶斟酒			

拓展延伸

鸡尾酒调制

鸡尾酒是一种混合酒，由基酒、辅料、配料和装饰物组成。常见的六大基酒为朗姆酒、伏特加、白兰地、威士忌、金酒、特基拉酒。辅料是除了基酒之外用得最多的成分，如冰、果汁、汽水、蛋、奶、奶油等。装饰物起到画龙点睛的作用，如柠檬、樱桃、橄榄、橙皮、薄荷叶、小纸伞等。鸡尾酒调制方法有摇和法、搅和法、兑和法、调和法。

项目六　上菜与分菜

情景导入

小茹刚到宴会厅实习不久，这天，宴会厅迎来了一场盛大的林府弥月宴。作为餐台服务员，小茹在上整盘鸡时，将鸡头朝向了主宾，客人脸上稍显不悦。上菜到一半时，小茹发现台面已经放不下了，于是，她将未吃完的菜肴大盘小盘套在一起，硬是挪出一点上菜位。随着上菜节奏的加快，客人们看到台面菜盘相互套叠，菜肴混在一起，面面相觑，无从下筷。饭后，这桌的主宾投诉了小茹服务不周，小茹心里很委屈。

小茹的上菜过程出现了什么问题？

任务一　中餐上菜

任务描述

中餐上菜涉及中国的传统习惯和礼貌礼节，是餐厅服务员必备的一项基本技能。

任务目标

熟悉中餐上菜的顺序与台面摆放要求，掌握中餐上菜的操作技能与要领。

任务准备

一、中餐上菜的顺序与摆放

（一）中餐上菜的顺序

中餐主要是按照佐酒冷菜—热菜（菜数较多）—汤菜（粤菜习惯先汤后菜）—点心—

水果的顺序上菜，如图 2-22 所示。

图 2-22　中餐上菜顺序

（二）台面摆放要求

菜品在台面的摆放有一定的要求，即一个菜放中间；两个菜相对；三个菜呈三角形；四个菜呈四方形；五个菜呈五角形；六个菜呈六方形，如图 2-23 所示。

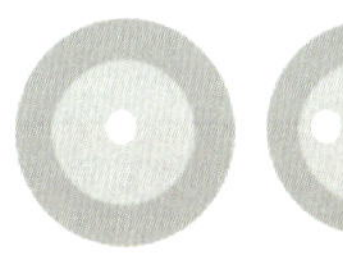     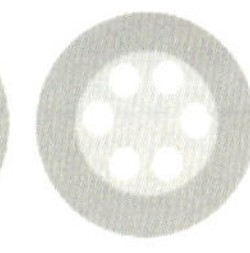

图 2-23　台面摆放要求

二、中餐上菜动作与服务规范

中餐上菜前要做好充分的准备，注意上菜姿势，遵循服务规范并向宾客做相应的菜肴介绍，如表 2-38 所示。

表 2-38　上菜动作与服务规范

要　点	操作标准	图　例
上菜准备	1. 熟悉菜单：了解上菜顺序，记住菜名及菜肴特点 2. 核对菜品：核对传菜员所托送的菜品与台号、品名是否相符 3. 定上菜位：可在与主人位成 90° 的位置进行，或是副主人位右侧	
上菜姿势	用托盘托送菜肴至桌前，侧身右腿在前，插站于两席椅之间，左腿在后，用右手上菜，托盘外撇	
上菜服务规范	1. 将菜肴放于转台上，顺时针方向旋转至主人位和主宾位之间，以便宾客观赏菜肴造型 2. 及时整理台面，留出空位，严禁盘子相互叠压，可将未吃完的菜肴换小盘装、合并或分派 3. 有佐料的菜肴应先上佐料后上菜 4. 菜盘内放置公勺、公筷时，应将餐具柄端朝向主人 5. 上汤时要给客人分汤 6. 上带壳的菜肴时要上小毛巾及洗手盅 7. 上菜完毕应礼貌地小声告知客人	

续表

要　点	操作标准	图　例
介绍菜名	每上好一道菜应报菜名，简单介绍菜肴的风味特点，特殊菜肴应介绍食用方法	

任务实训

准备托盘、菜单、10人位餐台、转盘、工作台、汤盆、菜盘，将白萝卜切片或卷心菜切丝，以小组为单位在中餐实训室模拟上菜服务。

任务评价

考核内容	考核要点	考核情况		
		优秀	合格	不合格
上菜准备	熟悉菜单，核对菜品，定上菜位			
上菜姿势	侧身插站，右手上菜，托盘外撇			
上菜方法	展示菜肴，整理台面			
介绍菜名	介绍菜肴的风味特点、食用方法等			

拓展延伸

中餐上菜的具体要求

上主冷菜、主热菜时应摆在餐桌中央，并选择最佳观赏面对准主位。中国的传统习惯是鸡不献头、鸭不献掌、鱼不献脊。若台面有转台，则将菜肴摆在转台边缘，顺时针旋转一圈以让宾客观赏，最后在主宾面前停下来。若没有转台，则把菜肴放在餐桌中心稍靠主人位的一侧。每上一道菜，服务员需将前一道菜移向副主人一边，将新菜放到主宾前。

任务二　中餐分菜

任务描述

分菜常见于中餐的高级宴会，分菜服务可有效体现餐饮服务的品质，是服务人员必须掌握的技能。

任务目标

掌握分菜工具的使用方法，能采用不同的分菜方式为客人提供分菜服务。

任务准备

中餐分菜用于宴会规格较高及宾客身份尊贵的场合，是指服务员把菜肴送上餐桌，让宾客观赏后分让给每位客人。

一、中餐分菜工具及其使用方法

（一）分菜工具

分菜工具主要有分菜叉、分菜勺、公用勺、公用筷和长把勺等。

（二）分菜工具的使用方法

将分菜工具相互搭配，可以有不同的使用方法，如表 2–39 所示。

表 2–39　分菜工具的使用方法

工　具	分菜叉勺		公用勺筷	长把勺
使用方法	指夹法：叉勺握于右手，叉上勺下，正面相对，中指与小指在下方而无名指在上方夹住分菜勺，食指伸进叉勺之间，与拇指配合捏住叉子，叉勺固定后，使用灵活，操作自如	左叉右勺法：左手握叉，右手握勺，来回移动叉勺，用于分让体积较大的菜肴	服务员右手拿公用筷，左手持公用勺，相互配合分让菜肴	右手握勺把，分汤时使用；当需配合公筷分让汤中菜品时，右手持筷，左手拿勺，勺在下方接挡，防止菜汁滴落
图例				

二、中餐分菜方式

中餐分菜方式主要包括叉勺分让式、旁桌分让式和转盘分让式，注意分菜时的操作要点，如表 2–40 所示。

表 2-40　分菜方式

分菜方式	叉勺分让式	旁桌分让式	转盘分让式
操作要点	右手垫上餐巾托起菜盘，左手持分菜叉勺，侧身站于宾客左侧。注意分菜均匀，一勺到位，不允许把已分到客人餐盘中的菜肴往外拨。分菜后，盘中应留下1位客人的食用量，以免影响最后一位宾客的食欲	准备好干净的餐碟或汤碗及分菜工具放于备餐桌上。将菜肴送上餐桌介绍菜品并供宾客观赏后，撤离至备餐台，将菜肴分至宾客餐碟或汤碗中，放入托盘并从客人右侧按顺时针方向送上菜肴	提前将与宾客人数相符的餐碟或汤碗摆放于转台上。站于上菜位用长把勺、公用筷为客人分菜，分菜完毕后，将分菜工具放于空菜盘中。取托盘从客人右侧开始按顺时针方向绕台送上菜肴。将空菜盘和分菜工具一同撤下。可由两名服务员配合完成，一人负责分菜，另一人负责将宾客的餐碟移至转台及为客人递送餐碟
图　例			

任务实训

准备分菜工具、10人位餐台、工作台、汤盆、菜盘，将白萝卜切块或卷心菜切丝，在中餐实训室模拟分菜服务。

任务评价

考核内容	考核要点	考核情况		
		优秀	合格	不合格
叉勺分让式	使用指夹法分菜			
旁桌分让式	在备餐桌上分菜并为客人送上			
转盘分让式	在转盘上为客人分菜并送上菜肴			

拓展延伸

鱼类菜肴的分菜服务

服务员将整鱼向客人展示后，开始剔除鱼骨，具体做法为：左手持叉，右手持刀，用叉轻压鱼背，用刀顺着鱼中线将鱼肉划开，露出整条鱼骨，用叉轻压鱼骨，用刀将鱼骨剔出并放入服务盘。剔除鱼骨后需将鱼肉整理成形，恢复原样，浇上原汁。

1. 掌握中餐服务每个服务环节的有关工作程序及服务标准、服务技巧。
2. 掌握西餐零点服务的程序和标准，能独立地为客人提供相应的服务。
3. 掌握西餐宴会服务的程序和标准，并能为客人提供相应的宴会服务。
4. 理论与实践相结合，提高实践技能。

项目一　中餐服务之餐前准备

情景导入

今天是小琪在温泉宾馆中餐厅开展实习工作的第一天。一大早，她穿上崭新的制服，怀着期待和好奇以及一丝忐忑走进了中餐厅员工休息室。一路上，她在想：即将开展的新工作具体是怎样的呢？

在中餐厅，服务员应该做好哪些餐前准备工作？

任务一　班前例会

任务描述

上午 10:30，温泉宾馆中餐厅一楼员工休息室。小琪和其他 20 名当班服务员一起准备参加班前例会。

任务目标

能按餐饮服务员仪容仪表要求规范着装及仪表，并接受检查督导。主动积极参加班前例会，并进一步组织开展班前例会。掌握班前例会的有关内容安排。

任务准备

班前例会是餐厅营业前，由餐厅经理或主管领班组织当班服务员召开的简短工作会议，时间一般是 15 分钟以内。班前例会的主要工作内容有：列队考勤、检查仪容仪表、当班工作安排、前日工作回顾、业务培训、员工士气激励等，如表 3–1 所示。

表 3–1　班前例会的工作内容

序　号	班前例会工作程序	具体内容	图　片
1	列队考勤	按照女前男后、由矮到高的原则，前后左右互相对齐，保持队列的协调一致，报数考勤	
2	鞠躬问好	先由例会主持主管 / 经理向员工鞠躬问好，如“各位同事早上好 / 下午好”，然后所有员工同时鞠躬回答“好”“很好”“非常好”，体现良好的精神面貌	
3	检查仪容仪表	由部门领班利用整体目测和逐一巡视的方法检查员工的仪容仪表，并对不合格的予以记录备案，会后做出处理	
4	当班工作安排	明确每名员工的具体任务安排、当天 VIP 接待安排和其他注意事项	
5	通报沽清 / 急推菜品	在例会前向厨房相关人员了解沽清、急推菜品情况，在例会上向所有员工通报知会。提醒服务员在客人点菜时牢记已沽清菜品及适当推销新菜品	
6	前日工作回顾	主管 / 领班小结回顾前一天工作经验或应当吸取的教训；进一步完善或调整服务程序、工作要求；针对工作中的表现给予表扬或批评	
7	业务培训	优质服务技巧、英语、新菜品推销等知识的简短培训	

续表

序　号	班前例会工作程序	具体内容	图　片
8	部门工作协调 / 酒店政策的传达	做好酒店政策和有关会议精神的传达，以及与其他部门的沟通与协调	
9	员工士气激励	通过高喊口号、鼓掌加油等方式激励士气	
10	班前例会结束、解散		

任务实训

根据任务，分小组召开班前例会。角色设置：组长一名，组员若干。程序如图 3–1 所示。

图 3–1　班前例会程序

任务评价

组长根据下方考核表对组内成员进行评价。

考核内容	考核要点	考核情况			有关问题记录
		优秀	合格	不合格	
仪容仪表检查	按照发式、面部、服装、工号牌、指甲、饰物、鞋袜的顺序从头到脚进行认真检查				
主持班前例会	1. 语言 2. 班前例会的程序 3. 工作布置 4. 沟通协调能力				

案例讨论

周六午餐高峰时段，温泉宾馆中餐厅座无虚席。突然，A 区 16 号台有客人站起来大声嚷嚷，A 区值台服务员小琪手足无措地呆站在旁边。当班主管小王赶紧走过去处理。原来，客人点了一道名为“五彩煎禾虫”的菜肴，其他菜都上了，这道客人期待已久的菜还没上，客人催了几次，都没有答复，所以忍不住发脾气了。

这道菜是季节性很强的时令菜。今天早上的班前例会主管还特地强调此菜品已“沽清”，但是小琪没有认真听，点菜的时候没有跟客人说清楚，还是照常帮客人下单了，下单以后也没有及时跟进，导致客人生气投诉。

讨论：如何避免这类投诉的发生？

任务二　环境卫生准备

任务描述

班前例会结束后，当班服务员根据工作任务的安排，完成本工作区域的餐前环境卫生清洁工作。小琪今天是跟着资深员工琳姐负责包房 1038 房的餐饮服务工作。在琳姐的带领下，她开始了包房的清洁工作。

任务目标

熟悉餐前环境卫生清洁的基本要求。掌握快速高效完成清洁工作的有关技巧。掌握区域卫生检查的方法，设计区域卫生检查登记表。

任务准备

环境卫生准备是当班服务员开展服务工作的首要任务，目的是为客人提供一个舒适、干净的就餐环境。主要的清洁工作包括：地面清洁、墙面门窗清洁、餐桌椅清洁、其他家具及电器设备的清洁与维护、绿色植物的清洁，如表 3–2 所示。

表 3–2　环境卫生清洁

序　号	清洁项目	具体清洁标准	图　片
1	地面清洁	常见餐厅地面以地毯、木地板、大理石等为主 （1）地毯：每天都需要用吸尘器全面吸尘 （2）木地板或者大理石：先用扫帚将地面清扫干净，然后用带有清洁剂的干净拖把将地面拖干净	

续表

序　号	清洁项目	具体清洁标准	图　片
2	墙面门窗清洁	一般采用环形清洁法进行清洁，以免有遗漏，以除尘为主，要先准备干净的干、湿抹布。清洁后的墙面门窗无污迹、无灰尘、明亮洁净	
3	餐桌椅清洁	用干净的专用毛巾将转盘擦拭干净，无油迹、水迹和手指印，桌面铺上干净、无破损的桌布。桌椅无松动、无坏损，餐椅套上干净椅套	
4	其他家具及电器设备的清洁与维护	本工作区域内的所有家具要用干净的毛巾擦拭一遍；电器设备清洁前，要关闭电源，使用干毛巾除尘，清洁完毕后，打开电源检查一下是否能够正常使用	
5	绿色植物的清洁	绿色植物要定期擦拭叶片、补充水分，及时清理花盆里的杂物或者垃圾	

任务实训

在中餐实训室分小组完成负责区域的环境卫生工作，如图 3-2 所示。

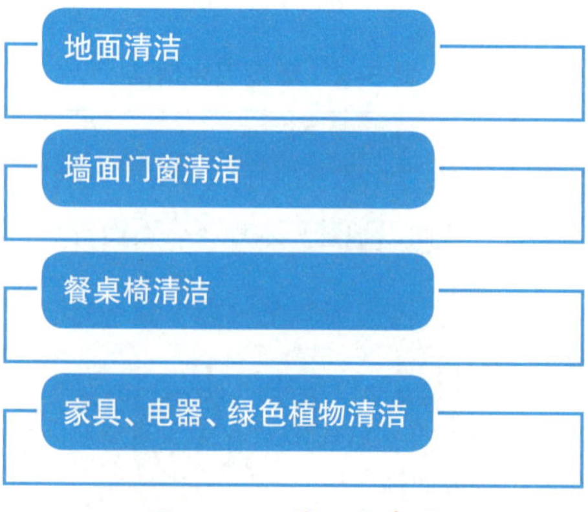

图 3-2　环境卫生清洁

任务评价

<table>
<tr><th rowspan="2">考核内容</th><th rowspan="2">考核要点</th><th colspan="3">考核情况</th><th rowspan="2">有关问题记录</th></tr>
<tr><th>优秀</th><th>合格</th><th>不合格</th></tr>
<tr><td>地面清洁</td><td>不同材质的地面的清洁方法</td><td></td><td></td><td></td><td></td></tr>
<tr><td>墙面门窗清洁</td><td>清洁方法</td><td></td><td></td><td></td><td></td></tr>
<tr><td>餐桌椅清洁</td><td>转盘无油迹、水迹；桌布无破损，餐椅无松动；椅套干净</td><td></td><td></td><td></td><td></td></tr>
<tr><td>家具、电器、绿色植物清洁</td><td>无灰尘、电器能正常使用；花盆无杂物</td><td></td><td></td><td></td><td></td></tr>
</table>

案例讨论

餐桌下的蟑螂

王先生一家在 1038 房聚餐，小朋友们在房间里嬉戏玩耍，他们玩起了“捉迷藏”。突然，大圆桌下面传来了一声尖叫，大人们赶紧掀开重重台布、桌裙，只见王先生的小儿子指着两只死蟑螂，吓得说不出话来。王先生赶紧把他抱出来进行安抚。当班服务员琳姐也赶紧走了过来，欢乐愉快的气氛被打断，小朋友们也受到了惊吓，客人们忍不住指责，“这么高档的餐厅怎么会有死蟑螂呢！”“你们是怎么搞卫生的”……

琳姐只能诚恳道歉，并帮忙安抚小朋友，当班经理闻讯也马上过来了，采取了一系列措施才平息了客人的怒火。

讨论：如何避免该类事件的发生？

任务三　物品用具准备

任务描述

实习生小琪在领班的带领下完成了服务区域 1038 房的环境卫生清洁工作，接下来她要为房间配备足够的餐饮用具及服务用品。今晚一位客人预订 1038 房进行家庭聚餐，有老人和小孩。请根据预订情况准备足够的餐饮用具及服务用品。

任务目标

根据要求准备足够的餐饮用具，完成摆台工作。准备好相应的服务用品、菜单、酒水饮料等。

任务准备

（1）餐前，当班服务员要根据预订情况 / 实际情况为所负责的区域配备足够的餐饮用具及服务用品，具体如表 3–3 所示。

表 3–3　物品准备的内容

序　号	1	2	3	4
物品清单	餐　具	服务用品	酒水饮料	熟悉菜单
具体要求	用餐车将已消毒的餐具运送到备餐间或者备餐台上，认真检查餐具是否有破损或污迹。餐具准备完毕后，按服务标准进行摆台	布件类包括台布、桌裙、毛巾等。其他服务用品包括托盘、菜单、酒单、宣传品、开瓶器、打火机等	根据预订情况或者工作惯例准备好相应的酒水、饮料、茶叶、开水、冰块等	包括菜品的主料、配料、烹调方法和味道、价格等，熟记当天的特色菜、主推菜及沽清菜品，避免客人点菜时产生投诉
图　片				

（2）准备物品时要认真检查物品的清洁及完好情况，如表 3–4 所示。

表 3–4　餐厅物品用具检查标准

序　号	类　别	具体物品	检查标准
1	餐具	瓷器	无缺口，无裂缝，无污迹，清洁完好，保持光亮
		金属器皿	无弯曲，无污垢，无破损，保持光亮
		玻璃器皿	无裂缝，无缺口，无破损，无水迹，保持光亮
2	布件	台布、餐巾、小毛巾	清洁完好，洗涤干净，熨烫平整，无污迹，无褶皱，无破洞
		椅套	完好，无开缝，无开裂，无破损
3	服务用品	菜单、酒水单	整洁美观，准备充足，无油腻、污迹、破损
		桌面调味盅等公共餐具	清洁完好，无脏痕，无污迹，内装调料不少于 2/3，调料无变质、发霉、沉淀
		餐桌、餐椅、沙发	安全、牢固、完好，无脱漆、开裂、破损
4	服务车	餐车、酒水车、服务车	清洁完好

任务实训

分小组完成 1038 房的物品准备工作。工作程序如图 3–3 所示。

餐具准备及摆台 → 服务用品准备 → 酒水饮料准备 → 熟悉菜单

图 3–3　物品准备程序

任务评价

考核内容	考核要点	考核情况			有关问题记录
		优秀	合格	不合格	
餐具及服务用品准备	物品齐全				
摆台	按规范操作				
酒水饮料准备	根据情景任务口头表述				
熟悉菜单	菜品的主料、配料、烹调方法和味道				

案例讨论

破损的餐具

一位翻译带领四位德国客人走进了中餐厅用餐。客人点了一些菜，还要了啤酒、矿泉水等饮料。突然，一位客人发出诧异的声音，原来他的啤酒杯有一道裂缝，酒顺着裂缝流到了桌子上。翻译急忙让服务员过来换杯子。另一位客人用手指着眼前的小碟子让服务员看，原来小碟子上有一个缺口。翻译赶忙检查了一遍桌上的餐具，发现碗、碟、瓷勺、啤酒杯等物均有不同程度的损坏，上面都有裂痕、缺口和瑕疵。

讨论：

1. 为什么会出现破损的餐具？
2. 应该如何正确处理该案例？
3. 如何避免同类事件再次发生？

项目二　中餐服务之开餐服务

情景导入

实习生小琪在资深员工的带领下，按服务程序完成了一系列的餐前准备工作。午市开始了，接下来又要做好哪些服务工作呢？

开餐服务是餐厅对客服务工作的开始，具体的服务过程是怎样的呢？

任务一　敬语迎宾

任务描述

中午 11:30，温泉宾馆中餐厅一楼大堂门前。两名服务员站位迎宾。

任务目标

以正确的站姿迎接宾客，规范使用礼貌用语与客人打招呼并询问是否有预订。

任务准备

热情亲切的迎接服务会给客人留下良好的第一印象，是客人享受优质服务和愉悦用餐的开始。迎宾员要有正确、优雅的站姿，正确使用礼貌用语（详见礼仪篇——迎送服务礼仪）。

任务实训

分小组完成迎宾工作（角色设置：迎宾员两名，客人若干）。程序如图 3-4 所示。

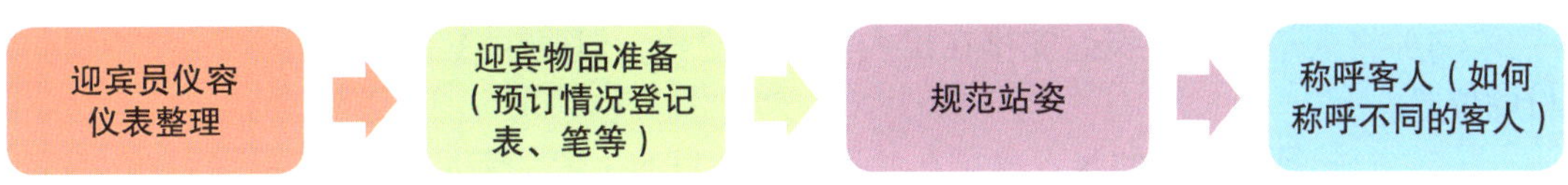

图 3-4　敬语迎宾程序

任务评价

考核内容	考核要点	考核情况			有关问题记录
		优秀	合格	不合格	
迎宾员仪容仪表整理	按仪容仪表检查表进行检查				
迎宾物品准备	迎宾物品齐全				
规范站姿	符合规范				
称呼客人	规范使用礼貌用语				

任务二　引领入座

任务描述

12:30，五位着装艳丽的青年女性客人到达餐厅，迎宾员小李上前迎接，引导客人到餐厅就座。

任务目标

能按规范引领客人，并恰当安排座位。掌握安排座位的技巧。

任务准备

一、规范引领客人

请见礼仪篇。

二、安排座位的技巧

（1）中高档餐厅，不安排拼桌，一张餐桌只安排同一批客人就座。

（2）根据客人人数来安排适当的餐桌，充分利用餐位。

（3）客人人数较多，且说话声音比较大的，尽量安排在中餐厅靠里的位置，以免打扰其他客人。

（4）将老年人或残疾人安排在出入方便的位置，但要注意不要安排残疾人在众人注目的位置。

（5）打扮漂亮张扬的客人安排在餐厅引人注目的位置，满足客人求关注的心理。

（6）情侣尽量安排在安静、不受打扰的位置。

（7）对于带有儿童就餐的客人，提醒客人不要让儿童坐在靠过道和上菜的位置，以免出现碰撞或者烫伤等事故。

任务实训

根据工作程序分小组完成模拟实训：将五位着装艳丽的青年女性客人安排到恰当的位置。程序如图 3-5 所示。

图 3-5　引领入座工作程序

任务评价

考核内容	考核要点	考核情况			有关问题记录
		优秀	合格	不合格	
引领客人	询问是否有预订；按规范引领客人				
安排座位	按实际情况适当安排座位、递送菜单、与值台服务员交接				

案例讨论

是谁带错了厅房

晚餐高峰时段，餐厅咨客忙着迎来送去。这时 6 位客人在 1 位女士的引导下来到了二楼中餐厅。咨客马上迎了过去，满面笑容地说："欢迎光临，请问女士贵姓？"那位女士边走边说："我姓王。""王女士，请问您有没有预订？""当然了，我们上午就电话预订好了'牡丹厅'。"咨客马上查看宾客预订单，发现确实有一位姓王的女士在上午预订了"牡丹厅"，于是咨客就迅速把这批客人带进了"牡丹厅"。过了半个小时，餐厅门口又来了一批人，共有 12 位客人，当领队的王女士报出自己昨天已经预订了"牡丹厅"时，餐厅咨客马上查阅预订记录，才发现原来有两位王姓女士都预订了厅房，而咨客在忙乱中将两组客人安排进了同一间厅房。餐厅咨客为了弥补错误，只能把客人带到了"紫荆厅"。王女士满脸不高兴地说："我们预订的是一张 12 人台，这是一张 10 人台的厅房，我们 12 个人怎么坐得下？"王女士不耐烦地径直到"牡丹厅"一看，里面的客人已开席了，但是这 12 位客人仍然不愿意坐进这间 10 人厅房。“我就要去牡丹厅，其他的厅房我都不去！把你们的经理找来！”

讨论：

1. 如何避免此类事件再次发生？
2. 如果你是经理，请问如何妥善处理？

任务三　问位开茶

任务描述

五名女性客人就座后，当班值台服务员小敏主动上前与迎宾员做好衔接工作，为客人提供餐前服务。首先按照规范程序为客人开茶。

任务目标

根据客人人数适当增减座位并做好开餐前的系列服务工作，掌握问位开茶的操作流程。

任务准备

客人入座后，值台服务员要按照规范提供问位开茶服务，如表 3–5 所示。

表 3–5　问位开茶服务内容

序　号	服务内容	具体要求	图　片
1	增减餐位	根据用餐人数进行餐位调整，同时调整座位及餐具间距，并撤去多余的餐具或补上所需餐具。全程使用托盘并轻声操作	
2	铺放餐巾、撤筷套	一般在客人右侧为客人铺放餐巾。拿起餐巾，轻轻打开，正面朝上，将餐巾一角压在骨碟下方。用右手拿起带筷子套的筷子，交给左手，用右手打开筷套封口，捏住筷子的后端并取出，摆在筷子架上。每次脱下的筷套，都用左手握住	

续表

序　号	服务内容	具体要求	图　片
3	服务热毛巾	根据客人人数从保温箱中取出热毛巾（一般温度为 40 度），站在客人右侧服务。一般按照女士优先、先宾后主的原则依次派送，用毛巾夹将热毛巾放在客人左边的毛巾托上。客人用过毛巾后，征询客人同意后方可撤走	
4	服务酱料、开胃菜	倒调味料一般倒至味碟 1/3 或 1/2 满为宜，应注意避免将酱料倒至客人身上或者餐桌上。根据餐厅服务方式，适时提供餐厅开胃小菜	
5	茶水服务	（1）询问客人喝什么茶。介绍茶叶品种，一般先名茶、后普通茶依次介绍，说明收费标准 （2）在备餐间或工作台根据要求将茶泡好。站在客人右侧斟倒第一杯礼貌茶，根据客人人数将茶倒至茶杯里，以 8 分满为宜。一般按照先宾后主、女士优先的原则斟茶，送上敬语“先生 / 女士您好！请用茶” （3）斟茶时注意卫生，手不能触及杯口，也不得将茶杯从桌子上拿起，壶嘴不可触及杯沿，避免不慎将茶水倒在餐桌上	

任务实训

分小组完成为五位女性客人问位开茶的服务工作。具体程序如图 3-6 所示。

图 3-6　问位开茶服务程序

任务评价

考核内容	考核要点	考核情况			有关问题记录
		优秀	合格	不合格	
增减餐位	操作规范				
铺放餐巾、撤筷套	动作规范				
服务热毛巾	操作规范				
服务酱料、开胃菜	操作规范				
茶水服务	按程序规范操作				

案例讨论

过硬的服务质量赢得挑剔客人的认同

中午时分，几个客人簇拥着一位衣着得体大方的老夫人来就餐。就座后，服务员小敏为她斟上红茶，她却生硬地说："我都还没点呢，你怎么知道我要红茶，告诉你，我喜欢喝绿茶！"小敏一愣，赶紧客气而又礼貌地说："这是餐厅特意为您准备的，餐前喝红茶消食开胃，尤其适合老年人，如果您喜欢绿茶，我马上单独为您送来。"老夫人脸色缓和下来，接过菜单，开始点菜。"水晶虾仁怎么这么贵？"老夫人斜着眼看着小敏，"有些什么特点吗？"小敏面带微笑，胸有成竹地解释道："我们采购的虾仁都有严格的规定，一斤 120 粒。水晶虾仁有四个特点：亮度高、透明度强、脆度大、弹性足。其实我们这道菜利润并不高，是用来为饭店创牌子的拳头产品。"

"有什么蔬菜啊？"老夫人又说了，"现在蔬菜太老了，我不要。"小敏马上顺水推舟："对，现在的蔬菜是咬不动，不过我们餐厅今天有炸得很软的油焖茄子，菜单上没有，是今天新推出的菜品，您运气好，尝一尝吧？""你很会讲话啊。"老夫人动心了。

"请问您喝什么饮料？"小敏问道。老夫人犹豫不决，露出沉思状。小敏接着说："我们这里有椰汁、粒粒橙、芒果汁、可口可乐……"老夫人打断服务员的话："来几罐粒粒橙吧。"

讨论：请问小敏是如何赢得客人的认同的？

任务四　点菜服务

任务描述

服务员小敏为五名女性客人沏好了美容养颜的玫瑰花茶，静候一旁，等待为客人提供点菜服务。

任务目标

掌握为客人提供点菜、点酒水服务的程序；熟练填写点菜单；掌握推销菜肴酒水的技巧。

任务准备

点菜服务是服务员必须掌握的一项专业基本功，在餐厅的经营和销售中起着重要作用。服务员应能根据客人要求，结合当天菜肴的销售任务，做好菜品、酒水推荐，完成点菜、点酒水服务。

一、点菜的服务程序

递送菜单给客人后，当班服务员静候一旁，等待客人点菜的同时也要注意观察客人查看菜单的情况，以便提供更周到、细致的点菜服务。点菜的服务程序如图 3–7 所示。

图 3–7　点菜的服务程序

二、点菜服务的注意事项

（1）熟悉菜单中的菜肴的烹调方法、口味特点、分量、菜系、营养价值、烹调时间等。

（2）熟记当天餐厅推出的特色菜肴、时令菜，适时推荐。

（3）掌握客人心理，根据客人的地区、爱好、年龄、职业等因素推荐菜肴。

（4）注意菜肴荤素、口味、烹饪方法等的搭配。

（5）根据客人人数控制好菜量，适时提醒客人。

（6）灵活运用点菜语言技巧。

任务实训

分小组模拟点菜，为五名女性客人提供周到、细致的服务，完成表 3–6。

表 3–6　点菜服务表

序　号	服务内容	服务用语
1	接受点菜	
2	提供建议	
3	准确记录	
4	复述确认	
5	落单下厨	

任务评价

考核内容	考核要点	考核情况			有关问题记录
		优秀	合格	不合格	
准备工作	掌握准确的菜肴、菜品、酒水知识				
推荐菜品、酒水的技巧	掌握客人心理，能根据客人的地区、爱好、年龄、职业等因素推荐菜肴				
准确记录并复述	记录顺序准确、内容完整，语言得体，文明礼貌				
填写入厨单	准确输入或填写，注意事项认真核对				

案例讨论

是鱼太大还是推销提成的吸引力大

王先生带着客户到某星级酒店的中餐厅吃烤鸭。大家入座后，王先生一下子就为八个人点了很多菜，其中有一道是“清蒸鲟鱼”。不一会儿，菜就陆续上桌了。客人们品尝着鲜美的菜肴和烤鸭。吃到最后，桌上仍有不少菜，但大家却已酒足饭饱。突然，同桌的小谢想起还有一道“清蒸鲟鱼”没有上桌，就赶忙催服务员快点上。鱼端上来了，大家都愣住了！“好大的一条鱼啊！足足有三斤多重。”“服务员，谁让你做这么大一条鱼啊！我们根本吃不下。”双方僵持不下。

讨论：

1. 导致双方僵持不下的原因是什么？
2. 点菜服务要注意哪些事项？
3. 如何正确处理该案例？

项目三　中餐服务之就餐服务

情景导入

晚上 7:00，1038 房的客人李先生已点好菜。他今晚在包房宴请的是重要的合作伙伴，当班服务员是小琳，接下来她将为包房的客人提供一系列的就餐服务。

问题

客人点完菜后，值台服务员接下来要做哪些服务工作呢？

任务一　菜肴服务

任务描述

传菜员陆续将 1038 房的菜端上来了，服务员小琳熟练地为客人提供菜肴服务。

任务目标

掌握上菜、摆菜的服务要求；熟悉特殊菜肴的服务要求；掌握分菜的服务技巧。

任务准备

服务员要按上菜、分菜服务的标准程序，为客人提供迅速、准确到位的服务，并注重菜肴服务的礼仪。工作内容如表 3-7 所示。

表 3-7　菜肴服务的工作内容

序　号	服务内容	具体要求	图　片
1	传菜	传菜员将菜肴传送到桌边。值台服务员核对菜单，确认无误后上菜	
2	上菜	（1）上菜位置。一般选在次要客人、陪同之间上菜，决不能站在儿童旁边上菜，以免烫伤。始终保持在同一个位置上菜 （2）上菜姿势。右腿在前，左腿在后，站在两位客人的桌椅中间。侧身用右手或双手将菜肴送至餐桌上。上新菜时要将菜肴转到主宾面前 （3）上菜节奏。第一道冷菜在客人点菜后 5 分钟之内上，冷菜吃到一半时上热菜。大桌菜肴较多，一般要求 30 分钟左右上完，小桌 20 分钟左右上完。如果是需要较长时间烹饪的菜肴，点菜时要告知客人	
3	菜肴展示	顺时针转动转盘，将新菜转到主宾面前，以示尊重。后退一步站好，然后向客人介绍菜肴，表情自然，吐字清晰	
4	菜肴摆放	菜肴传送到餐桌上要遵循以下原则：讲究造型，注意礼貌，尊重主宾，方便食用。菜肴的观赏面要朝向客人。以菜肴的颜色、形状、口味、荤素、造型等为依据对称摆放，保持距离。随时撤去空盘，保持台面美观，若盘内菜肴较少，征求客人意见后，换成小盘。切忌盘子叠盘子，注意盘边干净	
5	分菜	服务技巧（详见技能篇——中餐分菜）	

任务实训

1038 房陆续上菜了，各小组根据情景任务模拟上菜服务。角色设置：值台服务员一人，传菜员一人，客人若干。程序如图 3-8 所示。

图 3-8　菜肴服务程序

任务评价

考核内容	考核要点	考核情况			有关问题记录
		优秀	合格	不合格	
传　菜	认真核对菜单				
上　菜	位置、姿势正确				
菜肴展示	按规范操作、介绍，语言清晰、流利				
菜肴摆放	注意菜肴的朝向，及时撤盘				
分　菜	分菜的方法与技巧				

案例讨论

一天，几位外地客人来到东北某家酒店，点了几道当地特色菜肴，其中包括小鸡炖蘑菇、大骨头炖酸菜、东北乱炖，还有一些应季山菜等。菜上来后，宾客们纷纷品尝起来。其中有位客人一边吃着，一边问服务员："这个小鸡炖蘑菇里面的蘑菇真是鲜美，是什么品种啊？我以前好像没吃过。"新来的服务员尴尬地回答："这蘑菇是纯天然的绿色食品，但具体叫什么名字我也不太清楚。"过了一会儿，又有一位客人忍不住说："这乱炖的原料很简单，但口味十分浓厚，是用了什么方法啊？"可服务员依然不知所措地回答："我只负责点菜、上菜，对于做法真不了解，很抱歉。"

讨论：

1. 该名服务员有哪些方面需要改进？
2. 如果你是该名服务员，应该如何提供优秀的服务？

任务二　酒水服务

任务描述

1038 房的李先生今晚宴请几个重要的合作伙伴，自带了一瓶白酒、一瓶洋酒，其中两个客人还单点了啤酒。请当班服务员为他们提供酒水服务。

任务目标

掌握各类酒水的服务程序和技巧；掌握推销技巧，适时推荐餐厅的酒水饮料。

任务准备

酒水服务是中餐服务的重要组成部分，酒水服务水平直接影响客人的就餐感受及酒水的消费水平。酒水服务的工作内容如表 3-8 所示。

表 3-8 酒水服务的工作内容

序号	服务内容	具体要求	图片
1	准备酒水	若是客人自带的酒水，根据客人的要求做好酒水的准备工作，如冰镇或温热等。若是餐厅的酒水，取出来时要检查酒水的质量，并将酒瓶擦拭干净。根据客人的要求，使用升温或者降温的方法使酒品温度适合客人饮用	
2	准备酒具	一般常备酒具有白酒杯、香槟杯、红酒杯、洋酒杯、啤酒杯及冰酒桶、温酒壶、酒篮、开酒器等。服务员要根据客人的酒水配备相应的酒杯，确保酒杯的清洁卫生及完好无损	
3	示　酒	贵重酒品斟酒前要示酒，让客人清楚这是他所点的或自带的酒水。示酒可以避免差错，也表示对客人的尊重	
4	开　瓶	1. 正确使用开瓶器 2. 开瓶动作要轻，尽量减少瓶身晃动	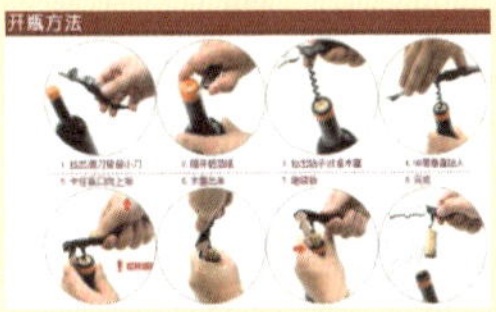
5	斟　酒	操作规范（详见技能篇——斟酒技能）	

任务实训

分小组模拟酒水服务。具体任务如下：

小组一：白酒服务。

小组二：红酒服务。

小组三：洋酒服务。

小组四：啤酒服务。

参考表 3–9 进行小组实训。

表 3–9　模拟酒水服务

任　务	准备酒水	准备酒具	示　酒	开　瓶	斟　酒
白酒服务					
红酒服务					
洋酒服务					
啤酒服务					

任务评价

考核内容	考核要点	考核情况			有关问题记录
		优秀	合格	不合格	
准备酒水、酒具	按要求准备酒水，搭配相应的酒具				
示　酒	示酒动作规范、标准				
开　瓶	操作规范，姿态优美				
斟　酒	斟酒量标准，不少不溢，不滴不洒，动作规范				

案例讨论

应不应坚持收开瓶费

有一次，赵先生和几位朋友请一位老先生吃饭，大家一起到了迎宾餐厅。落座后不久，老先生把他从家里拿来的两瓶茅台酒摆上桌说：“今天咱们喝国酒茅台，绝对是真货色……”站在一旁的服务员小彭说道：“我们餐厅是不让客人带这些酒的。如果客人自带酒水，我们必须收开瓶费。”“开瓶费多少钱？”客人问道。“每瓶 50 元。”老先生一听，赶紧说道：“我和你们李老板是好朋友，我到这里吃饭，已经不止一次了。就算他在这里也不会收我的开瓶费！”小彭一听，马上说：“不行，这是我们餐厅的规矩，我们必须遵守！”老先生有点急了，他马上拿起手机拨打餐厅老板的电话。显然，在电话里，老板告诉小彭不用再收开瓶费。

讨论：

1. 老先生为何生气？服务员有哪些方面做得不对？
2. 如何妥善处理该案例？如何避免该类案例再次出现？

任务三　餐间服务

任务描述

小琳是1038房的当班服务员，在李先生和合作伙伴们推杯换盏、觥筹交错之际，小琳适时提供餐间服务。

任务目标

熟练撤换餐酒具；熟练撤换其他服务用品；灵活处理餐间特殊问题。

任务准备

为宾客提供细致、周到的餐间服务，不仅能提高就餐接待的档次，还能保持菜肴的特点和餐桌的整洁。餐间服务几乎贯穿餐厅服务的全过程，服务员要根据服务标准和程序做好餐间服务工作。工作内容如表3–10所示。

表3–10　餐间服务的工作内容

序　号	服务内容	服务要求	图片展示
1	撤换骨碟	撤换骨碟是餐厅服务员提供餐间服务的基本工作，服务时要注意撤换骨碟的方法、时机等 （1）左手托托盘，右手撤换，从主要宾客开始，沿顺时针方向进行。用过的骨碟和干净的骨碟要严格分开，防止污染 （2）更换骨碟应根据菜肴的品种而定，高规格就餐应一菜一换 （3）撤换骨碟的时机：吃过冷菜换热菜时；吃过鱼腥食品后；上风味特色、芡汁各异、调味特别的菜肴时；吃过甜菜、甜汤后；滴落酒水、饮料或异物时；碟内骨刺残渣较多，影响雅观时	
2	撤换酒具	（1）左手托托盘，右手撤换，从主要宾客开始，沿顺时针方向进行 （2）撤换酒具要事先征得客人同意 （3）注意端托安全，轻声操作 （4）撤换酒具的时机：客人主动提出时；酒杯中滴落汤汁、异物时；更换酒品时	

续表

序　号	服务内容	服务要求	图片展示
3	撤换烟灰缸	（1）时机：客人的烟灰缸里有两个以上烟头或有明显杂物时要及时撤换 （2）方法：将干净的烟灰缸放于托盘上，从客人的右侧把干净的烟灰缸盖在用过的烟灰缸上，将两个烟灰缸一起撤下放在托盘上，然后再把干净的烟灰缸放在客人的右侧	
4	撤换热毛巾	热毛巾服务的基本原则：客人就座后服务第一道热毛巾；客人用完后更换第二道；就餐过程中遇带壳等的菜肴时，要及时更换热毛巾；餐后上水果前上最后一道热毛巾	

任务实训

分小组根据任务描述提供餐间服务。程序如图 3–9 所示。

撤换骨碟 → 撤换酒具 → 撤换烟灰缸 → 撤换热毛巾

图 3–9　餐间服务程序

任务评价

考核内容	考核要点	考核情况			有关问题记录
		优秀	合格	不合格	
撤换骨碟	操作规范，注意撤换的时机及方法				
撤换酒具	操作规范，注意撤换的时机及方法				
撤换烟灰缸	操作规范，注意撤换的时机及方法				
撤换热毛巾	操作规范，注意撤换的时机及方法				

案例讨论

惹祸的打火机

晚市期间，餐厅新来的实习生小李正在提供值台服务。13 号台一位先生拿出一盒烟正要点火，小李立即拿出刚领到的打火机走近客人，给客人点烟。不妙的是打火机一下蹿出特大的火苗，差一点烧着客人，吓得客人连忙躲开，小李赶紧关打火机，更不妙的是由于打着的火苗特别大，关上的时候还在冒火。小李担心打火机爆炸，连忙扔到地上，还不放心，又用脚踩了两下。客人们看着手忙脚乱的小李禁不住都笑了，小李满脸尴尬。

讨论：小李的点烟服务有哪些地方不规范？如何避免此种情况的出现？

任务四　餐后甜品服务

任务描述

1038 房的李先生是餐厅的 VIP 客人，每次宴请，餐厅都会赠送他一盘精致的果盘及餐后甜品。李先生的宴请接近尾声，当班服务员小琳将为客人提供餐后甜品、水果服务。

任务目标

了解餐厅提供的餐后甜品、水果的种类。掌握甜品、水果服务的工作程序和注意事项。

任务准备

餐后甜品、水果服务是客人用餐即将结束时提供的服务。有些餐厅餐后会赠送甜品、水果，有些餐厅则由客人根据自己的需要选择下单。

（1）接受客人下单。当客人即将用餐完毕时，服务员应主动询问客人是否需要甜品或水果。如果需要，则为客人填写订单，写清就餐人数、台号、日期等，然后将订单分别送到收银处、厨房。

（2）如果是餐厅赠送的甜品、水果，则略过第一步，在客人即将用餐完毕时，主动询问客人可否整理餐桌并上甜品、水果。征得客人同意后，服务员撤去桌面上的空盘和多余的餐具。如果餐桌上有菜汁等，需铺上一块干净的餐巾；若是转盘上有残渣，必须清洁干净。

（3）摆设甜品餐具。根据客人所点甜品、水果，摆上相应的餐具——甜品刀、叉、勺或者水果刀、叉等。按照先宾后主、女士优先的原则摆放。

（4）上甜品、水果。服务员使用托盘将甜品、水果从客人右侧送上，报甜品或水果名称，礼貌地请客人享用。如果客人点的是甜汤，则要使用汤碟并配上汤匙。

任务实训

餐厅今天提供的甜品是冰糖银耳糖水、红枣桂圆茶、蜂蜜柠檬水；水果拼盘是“花开富贵”“吉祥如意”。请你根据任务描述提供恰当的餐后甜品、水果服务。程序如图 3-10 所示。

图 3-10　餐后甜品、水果服务程序

任务评价

考核内容	考核要点	考核情况			有关问题记录
		优秀	合格	不合格	
推荐甜品、水果	推荐甜品、水果的语言技巧				
整理餐桌	操作符合标准规范				
摆餐具	操作符合标准规范				
上甜品、水果	操作符合标准规范				

拓展延伸

时令水果营养价值见表 3-11。

表 3-11　时令水果营养价值表

项　目	时　令	营养价值	性　质	益处
草莓	12 月—次年 2 月	维生素 C	凉	改善便秘、美容护肤、护眼明目
橘子	10 月—次年 3 月	维生素 C，胡萝卜素，膳食纤维	温	理气消食、祛痰止咳
芒果	5 月—9 月	维生素 A、C、E	凉	帮助消化、润肠通便
西瓜	全年皆产，5 月—7 月当令	维生素 A、C，钾	寒	清热，利尿，消暑
梨	6 月—10 月	维生素 C	寒	生津止渴、润肠通便、清热
木瓜	全年皆产，8 月—11 月盛产	维生素 B、C，膳食纤维，钾	平	养颜美容、通乳
番茄	全年皆产，11 月—次年 5 月当令	维生素 A、B_1、B_2、C，胡萝卜素，茄红素	寒	健胃消食、美容养颜
香蕉	全年皆产，4 月—10 月盛产	维生素 C、钾、镁	寒	补充能量、润肠通便
葡萄	夏果 6 月—8 月，冬果 11 月—次年 1 月	维生素 A、B_1、B_2、C，铁	平	开胃生津、利尿
苹果	7 月—12 月	维生素 A、B_1、B_2、C，钾，膳食纤维	平	止泻、生津止渴、健脾养胃
荔枝	5 月—7 月	维生素 A、C，磷，钾	温	生津止渴、补心健肺、行血气
樱桃	5 月—7 月	维生素 B、C，膳食纤维	平	美白、补血
番石榴	全年皆产，7 月—12 月当令	维生素 C、膳食纤维、钾	温	消积、抗氧化、除湿止泻
龙眼	7 月—10 月	维生素 A、B、C	温	美容养颜、补血气、开胃益脾

项目四　中餐服务之餐后服务

情景导入

1038 房客人的宴请终于在晚上 10 点结束了，当班服务员小琳开始收拾餐台。这时，有个客人突然返回房间，寻找自己遗落的丝巾。小琳赶紧帮忙寻找，沙发、桌椅、衣帽间都找遍了，后来竟然在一堆脏乱的布草中找到了丝巾，但是艳丽的丝巾已经脏乱不堪，客人非常生气，立即找当班经理投诉。

在餐饮服务结束阶段，服务员应该注意哪些问题？

任务一　结账服务

任务描述

A 区 8 号台的客人示意结账了，当班服务员小杨赶紧上前提供结账服务。

任务目标

掌握结账基本程序；熟悉餐厅常见的结账方式。

任务准备

结账服务意味着餐厅的对客服务工作即将结束，其服务质量直接影响客人对餐厅服务工作的评价，也关系到餐厅的经济效益。因此，餐厅服务员要重视结账这个环节，做好每个细节的工作。结账服务工作内容如表 3-12 所示。

表 3–12 结账服务的工作内容

序　号	1	2	3	4
服务内容	结账准备	递送账单	收银结账	递交账单
服务要求	（1）上菜完毕后，值台服务员要及时核对菜单，做好结账准备 （2）客人示意结账时，请客人稍候，马上去收银台打印账单，核对账单。一般情况下，客人没有示意结账时，不能将账单递给客人 （3）将账单朝上放入账单夹内。确保账单夹打开时账单正面朝向客人	（1）走到客人右侧，打开账单夹，右手持账单夹上端，左手轻托账单夹下端，递到客人面前，请客人查看 （2）低声对客人说："这是您的账单，请查看"，不主动报账单总额	按照不同结账方式结账（见表 3–13）	将账单上联及零钱（卡、发票等）放到账单夹内，返回站在客人右侧，打开账单夹并递给客人，说："这是找您的零钱（卡、发票），请收好"，并礼貌致谢
图片展示				

一般来说，餐厅常见的结账方式主要有现金结账、信用卡结账、支票结账、签单结账等方式。结账方式、标准与要求如表 3–13 所示。

表 3–13 结账方式、标准与要求

结账方式	标准与要求
现金结账	1. 客人现金结账，应礼貌地在客人面前清点钱款，核对无误后请客人等候 2. 将账单及现金交收银员。核对收银员找回的零钱及账单上联是否正确。将账单上联及零钱夹在账单夹内 3. 返回站在客人右侧，打开账单夹递给客人，说："这是找您的零钱，请收好"，礼貌致谢
信用卡结账	1. 确认该信用卡餐厅能否接受，并查看信用卡的有效使用日期 2. 将账单和信用卡送到收银处 3. 请客人在账单和卡单上签字，并检查签字是否与信用卡上的一致 4. 将账单上联、信用卡卡单的客人存根页、信用卡还给客人，礼貌致谢
支票结账	1. 使用支票结账，应礼貌地请客人出示身份证，支票背面写清客人姓名、联系电话、单位名称 2. 将账单、支票、证件同时交给收银员 3. 收银员办理结账手续 4. 将账单上联和支票存根、证件、发票等递交给客人，礼貌致谢
签单结账	1. 礼貌地请客人出示房卡 2. 递笔，请客人写清房间号（协议单位），用楷书签名 3. 将账号交给收银员查询及处理

续表

结账方式	标准与要求
其他结账方式	1. 充值卡结账。操作与信用卡相似 2. 餐券结账。收取时应注意使用日期、面额、是否盖有酒店专用章、使用范围等

任务实训

分小组模拟结账服务。具体任务如下：

小组一：现金结账服务

小组二：信用卡结账服务

小组三：支票结账服务

小组四：签单结账服务

参考表 3–14 进行小组实训。

表 3–14　模拟结账服务

任　务	结账准备	递送账单	收银结账	递交账单
现金结账服务				
信用卡结账服务				
支票结账服务				
签单结账服务				

任务评价

考核内容	考核要点	考核情况			有关问题记录
		优秀	合格	不合格	
结账准备	1. 认真核对账单 2. 操作规范，注意礼节礼貌				
递送账单	按要求规范操作				
收银结账	能根据不同的结账方式进行规范操作				
结账后的服务	礼貌致谢				

案例讨论

一个深秋的晚上，三位客人在南方某城市一家饭店的中餐厅用餐。他们在此已坐了两个多小时，仍没有去意。服务员心里很着急，到他们身边站了好几次，想催他们赶快结账，但一直没有说出口。最后，她终于忍不住对客人说：“先生，能不能赶快结账，如想继续聊天请到酒吧或咖啡厅。”“什么！你想赶我们走，我们现在还不想结账呢。”一位客人听了她的话非常生气，表示不愿离开。

讨论：本例中的服务员在结账这个环节上犯了哪些错误？

任务二 送客服务

任务描述

1038 包房的客人结账完毕，当班服务员小琳看到客人们都在做离开的准备，就主动迎上前，为客人提供规范、周到的送客服务。

任务目标

熟悉送客服务的基本程序，能够提供热情、周到、细致的送客服务。

任务准备

送客服务是餐厅接待服务工作的最后一个环节，是巩固第一印象、给客人留下完美印象、促使客人再次到店消费的关键，是餐厅服务必不可少的重要内容，也意味着餐饮服务工作的结束。其工作内容如表 3–15 所示。

表 3–15 送客服务的工作内容

序 号	1	2	3	4
服务内容	送客准备	致 谢	欢 送	餐厅检查
服务要求	客人准备离开时，主动上前为客人拉椅，友善提醒客人携带好随身物品。主动帮助客人取下衣架上的衣物	礼貌地跟客人道别，向客人表示感谢，诚恳欢迎客人再次光临	走在客人前方将客人送至餐厅门口。当班迎宾员在门口再次向客人致谢、道别，并主动帮助客人按电梯，待客人进入电梯后，目送客人离开	客人离开后，服务员回到服务区域再次认真检查是否有客人的遗留物品。如有遗留物品，尽快交还给客人，若客人已离开，及时向主管或经理汇报，将物品上交，并做好登记
图片展示				

任务实训

分小组模拟送客服务。程序如图 3–11 所示。

图 3-11　送客服务工作程序

任务评价

考核内容	考核要点	考核情况			有关问题记录
		优秀	合格	不合格	
送客准备	操作规范				
致　谢	注意礼节礼貌				
欢　送	操作规范				
餐厅检查	检查细致，发现遗留物品的处理				

拓展延伸

打包服务

当顾客用餐后，服务员如果发现餐桌上剩菜较多，应该主动向顾客提出打包的友善建议，并耐心地向顾客解释打包的意义和好处。

为方便顾客把菜品不漏汤地带回家，可以摒弃传统的塑料袋，选用外观时尚、漂亮，材质环保、健康的打包桶。打包桶便于携带，还可以多次反复使用。桶内有专门放汤类菜品的，有专放固体类的，分开存放，杜绝“串味”，让菜品保持自身原有的味道。

任务三　收台服务

任务描述

欢送客人离开后，值台服务员小敏马上开始收台服务，并按规格重新摆台，以便迎接下一批客人。

任务目标

掌握收台服务的服务流程和操作规范。

任务准备

收台就是在客人离开餐厅后，服务员收拾餐具、整理餐桌并重新摆台的过程，如表3-16所示。

表 3-16 收台服务工作内容

序 号	服务内容	服务要求	图片展示
1	撤 台	（1）撤台时机：在客人离开后进行 （2）餐具要轻拿轻放，尽量不要发出碰撞声响，以免影响其他客人。大盘、大碗、大碟在下，小盘、小碗、小碟在上 （3）若发现客人的遗留物品，应及时交还宾客或上交	
2	收台的程序和规范	（1）整理餐椅。将餐椅靠近餐桌收拢、摆放有序。一般按“三三两两”的原则摆放 （2）收拾餐具。用托盘或者工作车收撤桌面上的餐具。一般遵循以下顺序：收撤高档餐具 → 收撤餐巾、热毛巾等布件 → 收撤玻璃器皿 → 收撤刀、叉、勺等小件餐具 → 收撤瓷器餐具：汤碗、餐碟、烟灰缸等 → 收撤筷子、筷架等 → 收撤公用餐具：花瓶、牙签筒、桌号牌等，放置在工作台上 （3）撤下的餐具、布件要分类放置在指定位置	
3	擦拭转盘	用指定的擦布擦拭转盘，使转盘保持光洁，无油污、水迹。若转盘油污较多，可用热水及洗洁精去除	
4	摆 台	按规格摆台（详见技能篇——摆台技能）	

任务实训

分小组模拟收台服务。程序如图 3-12 所示。

整理餐椅 → 收拾餐具 → 分类放置 → 擦拭转盘 → 摆台

图 3-12 收台服务工作程序

任务评价

考核内容	考核要点	考核情况			有关问题记录
		优秀	合格	不合格	
收台服务流程	规范操作				
餐具的放置	分类摆放，减少耗损				
布草的处理	规范操作，注意卫生				
餐厅检查	检查细致，发现遗留物品的处理				

项目五　中餐宴会服务

情景导入

每年的9月，酒店宴会厅都会迎来婚宴高峰，全体员工非常忙碌。今天是八月初八，温泉宾馆的宴会厅、贵宾厅、展览厅、一楼大厅都用来承办婚宴了。虽然忙碌，但由于宴会工作准备充分，每个员工都各司其职，忙而不乱，确保了今晚四场婚宴的顺利进行，客人对餐厅的接待工作非常满意。

中餐宴会服务具体要做哪些工作呢?

任务一　宴会前准备

任务描述

今天晚上二楼宴会厅有一场40桌的高规格婚宴，酒店各部门半个月前已开始了筹备工作，宴会部的当班服务员要按照要求做好具体的准备工作。

任务目标

了解宴会种类，明确宴会性质；熟悉宴会通知单；熟练布置宴会厅、准备宴会物品并按要求进行宴会摆台；了解宴会席位、座次的安排；知道宴会前的各项检查工作。

任务准备

（1）宴会的准备工作是宴会服务顺利进行的基础，当班服务员要根据宴会通知单的要求做好布置、物品准备、摆台等工作，如表3–17所示。

表 3-17　宴会准备的工作内容

序　号	服务内容	服务要求	图片展示
1	掌握宴会情况	接到宴会通知单后，宴会部主管和服务员要做到“八知”“三了解” （1）“八知”：台数、人数、宴会标准、开餐时间、菜式品种及出菜顺序、主办单位（主人家）、收费要求、邀请对象 （2）“三了解”：宾客风俗习惯、宾客生活禁忌、宾客特殊需求	
2	任务分配	班前例会时，经理或主管对宴会的各项工作进行明确的安排，做好人力、物力的具体准备	
3	宴会布置	根据宴会通知单，对宴会厅桌椅进行统一布置，落实宴会厅的绿化和装饰	
4	宴会摆台	根据宴会的规格，服务员分工合作完成宴会摆台工作	
5	宴会物品准备	宴会物品准备清单见表 3-18	

（2）根据宴会规格准备足够的物品，如表 3-18 所示。

表 3-18　宴会物品准备清单

序　号	物品名称	具体要求（根据宴会规格而定）
1	菜单	
2	各种银器、瓷器、玻璃器皿等餐酒具	
3	足够的餐碟和汤碗	
4	配菜佐料、调味品	
5	台号牌	
6	鲜花、酒水、香烟、水果等	
7	茶、饮料、香巾	

（3）宴会席位、座次安排。根据主办方的要求提前做好安排布置，以便参加宴会的客人迅速找到自己的位置。

按照国际惯例，桌次的高低以离主桌位置远近而定，同时要注意以下四点：其一，居中为上。即各桌围绕在一起时，居于正中央的那张餐桌应为主桌。其二，以右为上。即面朝正门，主桌右边的桌次高于主桌左边的桌次。其三，以远为上。即距离宴会厅正门远的桌次高于距正门近的桌次。其四，临台为上。即临近舞台的桌次高于距离舞台远的桌次。

座次安排一般有以下两种形式，如图 3-13 所示。

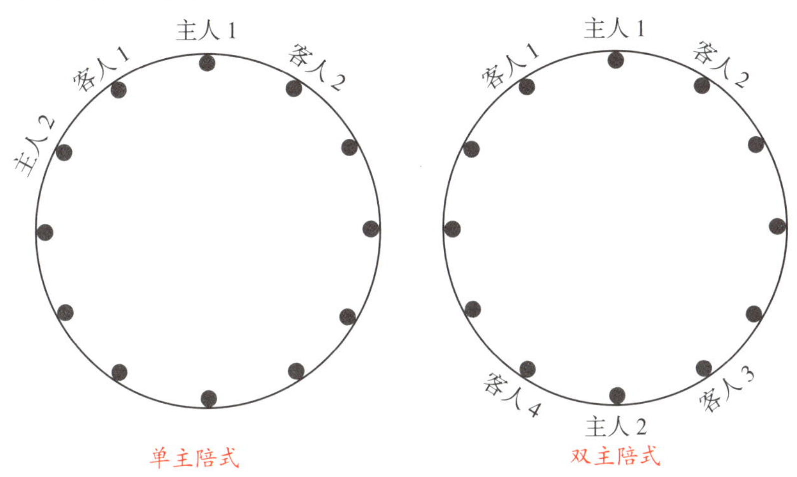

图 3-13　中餐宴会座次安排

（4）宴会前检查。根据宴会通知单落实宴会前的检查工作，如表 3-19 所示。

表 3-19　宴会前的检查工作

检查内容	检查要点
服务人员	任务分配是否明确、分工是否合理；仪容仪表是否达标
物　品	餐具、饮料、酒水、水果等是否备齐
宴会摆台	检查摆台（台布、椅套、餐具、餐巾等）是否符合规格，各种用具及调料是否备齐
环境卫生	环境卫生是否符合卫生要求
电器设备	照明、空调、音响等系统是否正常工作

任务实训

今天晚上二楼宴会厅有一场 40 桌的高规格婚宴，主人家是酒店 VIP 客人王先生。请各小组根据酒店宴会标准模拟宴会前的准备工作。程序如图 3-14 所示。

图 3-14　宴会前准备工作程序

任务评价

考核内容	考核要点	考核情况			有关问题记录
		优秀	合格	不合格	
分析宴会通知单	能够获取正确的宴会信息				
任务分配	根据宴会的要求进行合理的分工				
宴会布置	将宴会布置以图画形式表达				
宴会摆台	操作规范				
物品准备	分门别类用表格形式表示				
宴会前的检查	根据宴会通知单落实宴会前的检查工作				

拓展延伸

宴会通知单

EVO 单号：

Date of Issue 日期：

Meeting / Banquet Event Order 宴会通知单

宴会名称：	
联系人：	销售部跟进人： 联系方式：

一、ROOM ARRANGEMENT 房间安排

抵店日期	离店日期	房间类型	房间数量	房　价
2024-05-17	2024-05-18	江景套房	1 间	免费赠送一晚（含双早）
前厅部： 房间号：				
客房部： 江景套房喜床布置，提供干果				

二、MEETING ARRANGEMENT 宴会安排

日　期	时　间	类　型	地　点	摆　台	保证席数	价　格
2024-05-18	11:30-14:30	婚　宴	四楼格兰宴会厅	中式围桌	28 备 2	

美工：
指示牌内容：　　新郎：　　新娘：
LED 内容：　　新郎：　　新娘：
地点：　　时间：

宴会部：9030

1. 客人自带酒水，免收酒水服务费
2. 如需加椅子按 100 元 / 把收费，宝宝椅免费
3. 提供嘉宾签到台、新人化妆间
4. 提供两个红色主桌（扎金色蝴蝶结），其他白色台布、白色椅套
5. 提供宴会厅舞台、数字台卡
6. 提供婚宴喜牌两块（分别摆放于两个电梯口处）
7. 提供婚宴嘉宾泊车位（准备宾客停车券放签到台）
8. 提供餐巾纸，提供盘子装糖果
9. 提供两台 4 000 流明投影仪及幕布放置舞台两侧
10. 提供一个结婚蛋糕及模型和香槟酒及酒塔放置新人舞台两侧，婚庆仪式上使用
11. 联系人：胡先生 2024 年 1 月 29 日交付__________元定金，2024 年 5 月 12 日交付__________元婚宴定金，总交付__________元费用（含 1 000 元进场费），婚宴结束时结清所有费用
12. 收取婚庆 1 000 元能源费（已交付）。另需交纳 5 000 元场地押金，提供 4 个小时的布展，超出时间按 500 元 / 小时收费，如涉及通宵布展收取 5 000 元通宵布展费

婚庆布展时间：
婚庆布展具体位置：
婚庆公司联系人：

西厨房：
提供五磅结婚蛋糕一个（5 月 18 日中午 11 点领取）

中厨房：
提供新人席前点心放化妆间

前厅部：
请前厅部提供婚宴喜牌一块，摆放时间为 5 月 18 日婚宴 9:00 至 14:30。前台收取布展押金并开具收据

客房部：
请安排保洁员，注意四楼垃圾筒及洗手间的卫生清洁

物业管理部：
指引当天婚宴车辆泊车

三、PAYMENT 付款方式

财务部：
房间号：9030
联系人：胡先生 2024 年 1 月 29 日交付__________元定金，2024 年 5 月 12 日交付__________元婚宴定金，总交付__________元费用（含 1 000 元进场费），婚宴结束时结清所有费用

Issued by 发送人__________　　Approval by Director Sales & Marketing

Date of Issue 发送日期________　　批准人__________

CC 抄送：

Finance Dept. 财务部	Housekeeping Dept. 管家部 & 预订部	Front Office 前台接待	Security Dept. 物业管理部 1	Security Dept. 物业管理部 2	Executive Dept. 人事行政部
Banquet 宴会部	Chinese Restaurant 中餐厅	Exe Chef–Chinese 中厨房行政总厨	Western Restaurant 西餐厅	Exe Chef – Western 西厨房行政总厨	F& B Director 餐饮总监

任务二　宴会服务

任务描述

晚上 6 点，客人们陆续到来，宴会主管人员和迎宾员在宴会厅门口迎候客人，值台服务员按照各自的分工，随时准备着为客人提供规范、有序、高效的宴会席间服务。

任务目标

熟练引导宾客有序入席，提供入席服务；按规范提供宴会席间服务；灵活处理宴会的突发情况。

任务准备

宴会是为了表示欢迎、答谢、祝贺、喜庆等举行的一种隆重的、正式的餐饮活动，因此在接待服务上强调周到细致，讲究礼节礼貌，讲究服务技艺和服务规格。宴会服务的工作内容如表 3–20 所示。

表 3–20　宴会服务的工作内容

序　号	服务内容	服务要求	图片展示
1	入席服务	迎宾员主动迎候客人，根据宴会席位和座次的安排，正确引领客人到适当的餐位，拉椅让座。值台服务员根据客人人数加减餐位、餐具，为客人递铺餐巾，服务第一道宴会热毛巾、茶水等	

续表

序　号	服务内容	服务要求	图片展示
2	酒水服务	根据主办方提供的酒水从主宾位开始为客人斟倒酒水饮料，并随时观察客人酒水饮用情况，及时续倒酒水及饮料。主办方起座敬酒时，要安排专门的服务员跟随进行续斟酒水服务	
3	菜肴服务	中餐宴会上菜的原则是：先冷后热，先菜后点，先咸后甜，先炒后烧，先清淡后肥厚	
		上菜时机：开餐前 15 分钟把冷盘摆好，冷盘吃到一半时，开始上热菜。当客人正在讲话或互相敬酒时，应稍微停一会儿再上菜，不要打扰客人的进餐气氛。上菜、撤菜时不能越过客人头顶。大型宴会上菜速度要以主桌为准，做到全场统一，不允许任何一桌速度提前或推后，以防错上、漏上。服务员要根据宾客用餐情况，及时与后厨联系，控制出菜和上菜的速度	
		上菜位置：选择在陪同、翻译人员之间上菜，尽量不打扰客人进餐，上菜时适当提醒客人注意。将菜放到转台上，顺时针转动转台至主宾面前	
		上菜原则：凡是鸡、鸭、鱼整体菜或椭圆形盘应横向朝向客人，注意“鸡不献头，鸭不献掌，鱼不献脊”。每上完一道菜后，要后退一步站好，然后向客人介绍菜名和风味特色。如客人有兴趣，可进一步介绍名菜的典故，有些特殊的菜肴应介绍食用方法	
		分菜（详见技能篇——中餐分菜）	
4	席间服务	撤换骨碟、酒具、烟灰缸、热毛巾等	

任务实训

分小组模拟宴会服务工作。程序如图 3–15 所示。

图 3–15　宴会服务工作程序

任务评价

考核内容	考核要点	考核情况			有关问题记录
		优秀	合格	不合格	
入席服务	动作标准、语言恰当，注意礼节礼貌				
酒水服务	操作规范、语言恰当				
菜肴服务	上菜原则、时机、位置，分菜技巧				
席间服务	操作规范				

案例讨论

真丝外套弄脏了

酒店会议中心正举行某庆典的晚宴。宴会到高潮时客人纷纷离座，三五成群地举杯畅饮。小李正在收撤餐具，当她走到餐桌与餐桌之间的过道时，有位女宾在那里与人谈话。小李刚好手里拿着一个味碟，内有少许酱油。她刚想请女宾让一让，不料一转身味碟里的一滴酱油倒在女宾名贵的真丝外套上。小李马上道歉并拿热毛巾想为客人擦干净衣服。但女宾坚持不让小李擦她的衣服，并表示不要紧。过了几分钟，客人要求第二天由他们将她的衣服拿去洗涤部清洗。后来，领班小梁怕时间过长，污迹洗不掉，便请客人马上将衣服交给他们拿去清洗。但女宾坚持要宴会结束后才将衣服交给他们。由于未能及时将衣服送洗，衣服送洗涤部清洗后未能将所有的污迹完全洗干净。

讨论：

1. 如何避免此类事故的发生？
2. 餐厅主管应如何妥善处理该事故？

任务三　宴会结束工作

任务描述

晚上 9 点，婚宴接近尾声了，主管、迎宾员、当班服务员各就各位，按规范完成宴会结束后的各项工作。

任务目标

掌握宴会送客服务的工作程序；了解宴会结束后的整理工作的具体要求，做好宴会整理工作。

任务准备

宴会结束工作是宴会服务工作的最后环节，客人离开宴会厅时的最后印象同刚走进宴会厅时的第一印象一样重要。宴会结束工作内容如表 3–21 所示。

表 3–21　宴会结束工作内容

序　号	服务内容	服务要求
1	送客服务	客人起身准备离开时，主动上前为客人拉椅让路，递送衣帽，并提醒客人带齐随身物品。礼貌地与客人道别，向客人致谢，诚恳欢迎客人再次光临，将客人送到宴会厅门口。当班迎宾员在门口再次向客人致谢、道别，并主动帮助客人按电梯，待客人进入电梯后，目送客人离开。大型宴会、重要宴会服务员应列队欢送，以示隆重

续表

序　号	服务内容	服务要求
2	整理工作	待客人全部离开宴会厅后，服务员要迅速检查用品、收拾餐具、整理宴会厅。清理桌面污渍，分类将所有的餐具、酒具送回至洗碗间清洗，将台布、餐巾等布草送至洗衣房洗涤。贵重物品当场清点，再次认真检查服务区域内是否有客人遗留物品
3	召开总结会	针对本次宴会进行认真总结，以便为下次宴会提供经验和帮助
4	安全检查	关闭水、电等设备开关，关闭门窗

任务实训

分小组模拟宴会结束工作。工作程序如图 3–16 所示。

图 3–16　宴会结束工作程序

任务评价

考核内容	考核要点	考核情况			有关问题记录
		优秀	合格	不合格	
送客服务	动作标准、语言恰当，注意礼节礼貌				
检查餐厅	认真细致				
清理桌面	程序正确、餐具分类摆放、布草正确回收				
召开总结会	总结会要点突出、有针对性，语言规范				
安全检查	认真细致				

拓展延伸

唐代烧尾宴

烧尾一词源于唐代。唐代凡书生首次做官，或做官得到升迁，亲友部属前往祝贺，主人必须设宴招待客人，同庆同贺，谓之“烧尾”。也有朝廷大臣被提拔升官或封侯加爵，要“献食于天子”，也称“烧尾”，故此宴会取名“烧尾宴”。今天的谢师宴、升迁宴等多带有它的遗风，但是又赋予了它新的含义，带有祝贺、期望、重温教诲的内涵。

项目六　西餐零点服务

情景导入

老林的儿子非常孝顺，想让爸爸体验一下吃西餐的感受，于是带着老林来到一家高档西餐厅用餐。

用餐前老林觉得餐具可能不太干净，就用餐巾把刀叉等仔细地擦拭了一遍。

用餐过程中，服务员主动帮老林切好了牛排，老林对服务员说："可以帮我找双筷子吗？我想使用筷子！"

根据你所了解的西餐知识，分析老林的做法有哪些不妥。

任务一　西餐菜单知识

任务描述

随着生活水平的提高，越来越多的百姓接触到西餐文化，然而，大家到西餐厅点餐，看到菜单总会按部就班地一道道点下去，最后发现吃不完。其实，除了正规的社交场合，日常用餐很多外国人一般就只点一份主菜，再配上一杯咖啡。西餐点菜，拒绝刻板，让我们从西餐菜单开始学习吧。

任务目标

了解西餐菜单的种类，掌握西式正餐的构成，初步具备设计西餐菜单的能力。

任务准备

一、西餐菜单的种类

菜单不仅可以反映餐厅的经营方针和特色，还能吸引顾客消费。根据不同的分类标准，西餐菜单可划分为不同的种类，如表 3–22 所示。

表 3–22　西餐菜单的种类

分类标准	种　类
根据用餐时段分类	早餐菜单、午餐菜单、正餐菜单、夜餐菜单
根据供餐形式分类	套餐菜单、零点菜单、宴会菜单
根据销售地点分类	咖啡厅菜单、扒房菜单、快餐厅菜单、客房送餐菜单
根据用餐程序分类	开胃菜菜单、汤类菜单、沙拉菜单、副菜菜单、主菜菜单、餐后甜点菜单、饮料菜单

二、西式正餐的构成

正规的宴请场合中，西式正餐的构成如图 3–17 所示。

图 3–17　西式正餐的构成

（一）头盘

头盘又称开胃菜，可分为冷、热头盘，特点是分量少、色泽鲜艳、质量高，以咸味和酸味为主，刺激食欲。常见的头盘有：鹅肝酱、鱼子酱、鸡尾杯、焗蜗牛等。

（二）汤

西餐的汤一般可分为奶油汤、清汤、冷汤和蔬菜汤四类，常见的有俄式罗宋汤、意式蔬菜汤、法式洋葱汤、美式蛤蜊汤和各式奶油汤等，如图 3–18 所示。

图 3–18　汤

（三）沙拉

西餐中的沙拉可作为头盘、配菜使用，也有餐后沙拉。常见的有水果沙拉、蔬菜沙拉、荤菜沙拉，例如华道夫沙拉、凯撒沙拉等，如图 3–19 所示。配沙拉的酱汁有几百种之多，如芥末油醋汁、千岛汁、大蒜油醋汁。

图 3–19　沙拉

（四）副菜

通常水产类菜肴、蛋类、酥盒类都可称为副菜，此类菜比较容易消化而放在肉类菜肴的前面，如图 3–20 所示。

（五）主菜

主菜以肉、禽类菜肴为主，禽类菜肴取自鸡、鸭、鹅、兔等，肉类中最具代表性的是牛肉和牛排。牛排按其部位可分为菲力牛排、T 骨牛排、西冷牛排等，烹调方法常用煎、拷、扒，如图 3–21 所示。

（六）甜品

主菜后食用甜品，例如点心、冰激凌、布丁、煎饼、奶酪、水果等，如图 3–22 所示。

图 3–20 副菜

图 3–21 主菜

图 3–22 甜品

（七）咖啡或茶

西餐的最后一道菜是咖啡或茶。饮用咖啡一般要加奶和糖，喝茶加香桃片和糖。

任务实训

一、代客人点餐

张先生和张太太选择到西餐厅度过他们的结婚两周年纪念日。打开制作精美的菜单，他们开始犹豫，因为之前没尝试过西餐，对西餐菜单的内容和用餐程序更是知之甚少。作为服务员，请你按照用餐程序为这对夫妇设计出浪漫的晚餐，填入表 3–23。

表 3–23 纪念日晚餐

张先生：	张太太：

二、设计手绘的西餐菜单

以小组为单位，尝试设计一份手工菜单，可参考以下分工：

成员 1 收集菜单模板；成员 2 购买所需材料；成员 3 设计菜单内容；成员 4 绘图美工；成员 5 编写手工菜单。

任务评价

考核内容	考核要点	考核情况			有关问题记录
		优秀	合格	不合格	
代客点餐	按照用餐程序为客人设计西式正餐				
西餐菜单制作	菜单内容的收集、设计、绘图、编写与美工				

拓展延伸

西式早餐的构成

西式早餐可分为美式早餐和欧陆式早餐。美式早餐套餐内容丰富、分量较多，常见的种类有：（1）果汁类，如橙汁、柠檬汁、西柚汁、番茄汁。（2）面包类，如丹麦包、牛角包、多士等，上面包应配黄油、果酱或蜂蜜。（3）蛋类，有煎蛋、煮蛋、炒蛋、蛋卷等。（4）谷物类，一般有燕麦片、玉米片等，可加牛奶煮成粥。（5）肉类，一般有香肠、火腿和烟肉。欧陆式又称大陆式早餐，在欧洲大陆各国比较流行，简单清淡，包括面包、咖啡或茶、果汁等。

任务二　餐前准备及迎宾服务

任务描述

某天中午，香舍榭儿西餐厅迎来了一对年轻夫妇，两个人看着有点疲惫。服务员为他们找到一张台，但正在翻台中。这对夫妇说想先去洗手间洗把脸提提神，可是他们出来时发现那张台已经被其他宾客占座了，而此时正值用餐高峰期，餐厅已经客满，无奈两个人只能先在休息区等位。一刻钟过去了，服务员为他们找到另一张台并请他们入座，可是坐的却是吸烟区，女士因为怀孕受不了烟味要求换桌。经过一番折腾，两位客人的用餐很不愉快。作为服务员，你如何做好餐前服务及迎宾工作呢？

任务目标

熟悉餐前准备工作的流程，掌握迎宾服务的工作内容并能独立地为客人提供迎宾服务。

任务准备

一、西餐厅餐前准备流程

西餐厅餐前准备按照如下流程进行，如图 3–23 所示。

图 3–23　餐前准备流程

西餐厅餐前准备的每个流程都有相应的操作要求，如表 3–24 所示。

表 3–24　餐前准备具体内容

准备流程	操作要求
掌握预订情况	服务员应掌握当日西餐厅的经营情况及预订信息，了解当日的预订桌数、人数、客人的身份及用餐时间
准备餐、酒用具及物品	西餐厅应配备种类齐全的餐、酒具及相关物品，具体包括金属餐具、瓷器餐具、玻璃杯具、服务用具、酒水饮料及调味品等
准备餐台及工作台	参考西餐零点摆台标准做好餐台的准备，根据预订情况放置预留桌位卡。根据餐台数量配备相应的工作台，工作台内物品归类摆放整齐
检查	服务员应在开餐前做好充分的检查工作，包括检查餐台的环境卫生、设施设备、空调温度、桌椅摆放、餐具用品、仪容仪表等
召开餐前例会	西餐厅经理或主管应在开餐前半小时组织服务员召开餐前例会

二、西餐厅的迎宾服务

西餐厅的迎宾服务程序如图 3–24 所示。

图 3–24　西餐厅的迎宾服务程序

西餐厅迎宾服务的各个环节都有具体的操作要求和常用的服务用语，如表 3–25 所示。

表 3-25　西餐迎宾服务程序要求

服务程序	具体操作	服务用语	图　例
迎接客人	客人抵达餐厅后 15 秒之内招呼客人。询问客人是否有预订，若有预订，确认客人的姓名及人数，再引领至预留的餐桌；若没预订，为客人安排合适的位置，询问需要吸烟区还是非吸烟区	晚上好，请问您是否有预订？ Good evening. Do you have a reservation ? 请问以谁的名义预订的？ Under whose name is the reservation made ? 请问您喜欢吸烟区还是非吸烟区？ Would you like smoking or non-smoking ?	
带位服务	欢迎客人，左手指引，先走两步，走在客人前方约 1 米处，与客人步频保持一致，不时回头引领客人	这边走。 This way， please. 这张台怎么样呢？ How about this table ?	
入座服务	拉椅：站在席椅正后方，双手握住椅背两侧，将椅子往后拉开半步 让座：客人将要坐下时，双手握住椅背两侧，用膝盖稍稍顶住，将椅子往前送，使客人刚好能入座	请坐！ Have a seat !	
铺上餐巾	按先女后男、先宾后主的原则为客人铺上餐巾 站于客人右边，拆开餐巾，对折成三角形，伸直右臂，将餐巾铺在客人膝盖上，三角形餐巾的底边朝向客人	请让我来为您铺上餐巾。 Allow me to put a napkin for you.	

任务实训

图 3-25 为菲斯特西餐厅的平面图，当日晚餐共有四个预订，其中一对情侣要求准备一束玫瑰花，一位 VIP 客人要一间包房进行商务宴请，一对夫妻要求靠窗边的位置，还有一位素食客人。请根据上述任务做好餐前准备并召开班前例会，并采用情景模拟法提供迎宾服务。

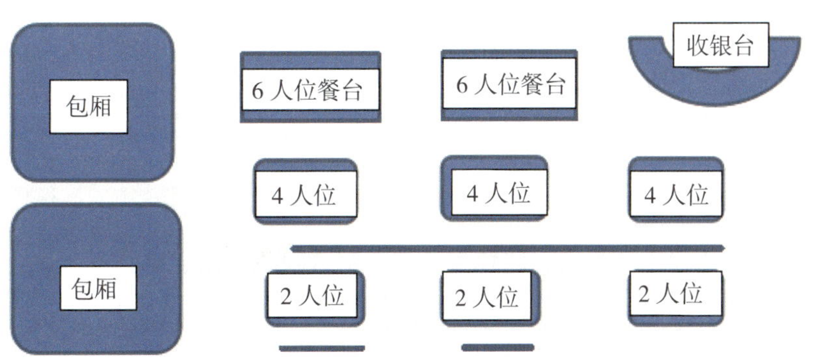

图 3-25　菲斯特西餐厅平面图

任务评价

<table>
<tr><th rowspan="2">考核内容</th><th rowspan="2">考核要点</th><th colspan="3">考核情况</th><th rowspan="2">有关问题记录</th></tr>
<tr><th>优秀</th><th>合格</th><th>不合格</th></tr>
<tr><td>餐前准备</td><td>做好餐前准备工作并召开餐前例会</td><td></td><td></td><td></td><td></td></tr>
<tr><td>迎宾服务</td><td>按迎接客人、带位、入座、铺上餐巾四个程序为客人提供服务</td><td></td><td></td><td></td><td></td></tr>
</table>

拓展延伸

走进西餐厅

西餐厅多以暖色如咖啡色、金色、褐色、深红色为基调，墙饰、地毯、桌椅等色调和谐，风格一致。在灯光上，采用亮度可调节的照明，晚餐以烛光照明为主，以突出幽雅、浪漫的就餐环境。西餐厅的餐饮用品高档讲究，如法式餐厅多采用银质餐具、水晶杯具，有专用的烹制车、甜品车等。高档次的西餐厅精选来自全球的优质食材，将其烹制成美味的食品，加上考究的摆盘及上等的酒水，带给宾客美妙的嗅觉、味觉和视觉享受。

任务三　西餐点单服务

任务描述

某西餐厅来了三位客人，服务员递上菜单后，客人一脸茫然，其中一位客人说：“我们想尝尝西餐，你给介绍介绍。”服务员向客人推荐了牛排并询问几成熟，客人又愣住了，其中一位客人说道：“正宗的一般几成熟我们就几成熟。”其他两位客人笑着同意。服务员回答道：“那三位的牛排就都三成熟吧！”过了一会儿，服务员端来了牛排，客人切开一看，发现里面流出血水，吓得不敢吃，叫服务员重新做。服务员将牛排端回厨房，为求保险，交代厨师做成全熟的并重新端上桌。服务员的点单服务出现了什么问题?

任务目标

掌握点单服务的程序和要求，能独立地完成菜肴和酒水的点单服务，学会填写点菜单并适当地对客推销。

一、西餐点菜服务

精通西餐菜单并为客人提供高水平的点菜服务可以提高餐厅的营业收入，其主要程序如图 3–26 所示。

递送菜单 → 接受点菜并记录 → 推销菜肴 → 复述确认 → 下单

图 3–26　西餐点菜服务程序

西餐点菜服务的每个程序都有具体的操作要求，如表 3–26 所示。

表 3–26　西餐点菜服务程序操作要求

点菜服务程序	具体要求	图　例
递送菜单	将菜单夹在左前臂，客人入座时从客人右侧双手递上菜单，打开菜单的第一页。按先女后男、先宾后主的原则呈递	
接受点菜并记录	西餐为分食制，应在座位示意图上相应记录客人所点的菜肴。从主宾开始，站在客人右后侧 0.5 米按顺时针方向接受点菜并填写点菜单，如表 3–27 所示	
推销菜肴	主动介绍当日厨师推介及餐厅特色菜，根据客人特点及喜好，为客人提供点菜参考	
复述确认	复述客人所点菜肴，请客人确认，确保下单无误	
下单	将客人手中的菜单收回，及时下单	

表 3–27　西餐点菜单

（　　）西餐厅点菜单							
台　号		人　数		日　期		金　额	
客人 1（　　）先生 / 女士				座位示意图： 经手人：________ 日期：________			
客人 2（　　）先生 / 女士							
客人 3（　　）先生 / 女士							
客人 4（　　）先生 / 女士							

二、西餐酒水点单服务

（一）西餐菜肴与酒水的搭配

西餐菜肴与酒水讲究搭配，爱好西餐的客人不仅对菜肴有较高的要求，对酒水的选择也非常讲究，如表 3–28 所示。

表 3–28　菜肴与酒水的搭配

类　别	搭　配	示　例
餐前酒	又称开胃酒或鸡尾酒，与开胃菜搭配以增加客人的食欲，有时也可选择味道稍苦的酒	味美思、比特酒、鸡尾酒、茴香酒
佐餐酒	正式用餐期间饮用的酒水，通常为干葡萄酒或半干葡萄酒，也可选择葡萄汽酒和香槟酒。搭配佐餐酒应注意以下几点： 1. 喝汤一般不单独搭配酒水 2. 进食沙拉一般配饮白葡萄酒 3. 海鲜、鱼类、鸡肉类配饮白葡萄酒 4. 红肉类如牛肉、羊肉配饮红葡萄酒	白葡萄酒：霞多丽、莱宝、苏玳 红葡萄酒：勃艮第、解百纳、克拉瑞
餐后酒	用餐之后帮助消化的酒	利口酒、白兰地、威士忌、朗姆酒

（二）西餐酒水点单服务程序及要求

根据西餐的用餐程序，酒水点单服务可分为点餐前酒、点佐餐酒和推销餐后酒，点酒完毕后要及时开单领取酒水，如图 3–27 所示。

如图 3–27　西餐酒水点单程序

西餐酒水点单服务有具体的操作标准和要求，如表 3–29 所示。

表 3–29　西餐酒水点单服务要求

要　点	操作要求
点餐前酒	从客人右边递上酒水单，向客人介绍开胃酒或鸡尾酒，在座位示意图上相应记下每位客人所点的酒水
点佐餐酒	服务人员或侍酒师根据客人所点的菜品及喜好向其推销相应的酒水，给予专业的介绍和搭配
推销餐后酒	服务员或酒水员将餐后酒车推至客人桌前，推销餐后酒，并进行点单服务
开　单	在酒水订单上记录客人所点的酒水，一式三联，一联交收银台，二联到吧台领取酒水，三联留底备案

三、西餐点单服务用语

（一）呈递菜单的礼貌用语

例如：请您先看看，先生。Would you please check the menu first，sir？/女士，这是我们的菜单和酒水牌，请您先看看。Here is our menu and wine list，madam. Please have a look first.

（二）接受点菜和推销菜肴的礼貌用语

例如：请问您餐前喝点什么饮料呢？我们有……Would you like something to drink before your meal？We have ... /请问可以为您点菜了吗？May I take your order now？/牛排您想要几成熟呢？How would you like your steak？/您看配哪种酱汁，我们有……What kind of sauce would you like？We have ... /您要不要试试菲力牛排？Would you like to try the filet steak？/请允许我为您推荐我们餐厅的靓汤。Please allow me to recommend the soup of our restaurant for you. /您要试试今天的主厨推介吗？Would you like to try the chef's recommendation？/请问要一瓶红葡萄酒配您的牛排吗？Would you like a bottle of red wine with your steak？/不好意思，这道菜卖完了，您要试试……吗？I'm sorry，this dish is sold out. Would you like to try ...？

（三）复述确认及下单的礼貌用语

例如：先生，请让我重复一下您所点的菜和酒水……Sir，may I repeat the dishes and drinks you ordered ... /还有什么可以为您效劳的吗？Do you have any other needs？/请稍等，您所点的菜很快就来，祝您用餐愉快。Just a moment，please. Your order will be ready soon. Have a nice meal.

任务实训

准备菜单若干份、点菜单、笔、西餐餐台及席椅，摆放西餐午、晚餐台面，小组内分工尝试扮演客人和服务员模拟点菜服务，点菜单以作业形式上交。

任务评价

考核内容	考核要点	考核情况		
		优秀	合格	不合格
点菜服务	递送菜单、接受点菜并记录、推销菜肴、复述确认、下单			
酒水点单服务	为客人提供点餐前酒、佐餐酒、餐后酒服务并下单			

拓展延伸

Godear 西餐厅以复古的意式装潢、地道的美食、名贵的美酒和限量特供的鱼子酱而享誉全城。本市电视台美食频道的主持人廖先生今晚要来该餐厅拍摄并亲自体验餐厅的美食。表 3–30 是主厨为他精心设计的菜单，请你为廖先生搭配合适的餐前酒、佐餐酒和餐后酒，让他今晚有个完美的体验。

表 3–30　菜单

菜　品	酒　水
俄罗斯鱼子酱　Russian caviar 牛尾清汤　Ox tail fresh soup 烤白兰地大明虾配牛油果汁　Roast brandy daming shrimp with avocado juice 安格斯肉眼牛扒配蔬菜、香料土豆及牛肝菌红酒汁 Angus ribeye steak with vegetables, spice potatoes and beef liver fungus wine juice 巧克力慕斯　Chocolate mousse 肯尼亚咖啡　Kenya coffee	

任务四　西餐用餐服务

任务描述

傍晚 6 点，李先生与来自意大利的客户戴维来到 Lesdone 西餐厅用餐，李先生希望本次商务宴请能根据西式用餐习惯进行，以给客户留下美好的印象，增进双方友谊。作为服务人员，请你根据西餐的用餐程序为他们提供周到的服务。

任务目标

熟悉西餐菜品及酒水的服务流程，掌握菜品及酒水服务的技能要求并能够独立地提供席间服务。

任务准备

一、西餐菜品服务流程

西餐菜品服务流程按照西餐的用餐习惯和程序进行，如图 3–28 所示。

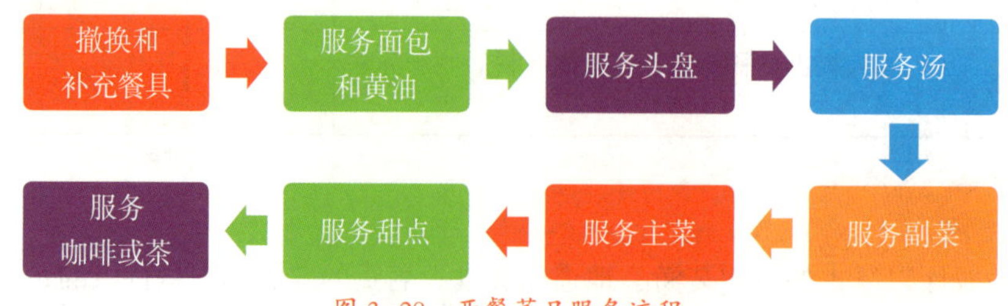

图 3–28　西餐菜品服务流程

根据西餐菜品服务流程为客人提供周到的用餐服务，可提升客人的用餐体验，并使餐厅的整体管理水平得到提升，具体要求如表 3–31 所示。

表 3–31　西餐菜品服务流程具体要求

菜品服务流程	服务具体要求	图　例
撤换和补充餐具	根据客人所点菜品重新调整桌面	
服务面包和黄油	开餐前 5 分钟，从客人左侧送上面包、黄油，也可在餐桌的中间放上面包篮，供客人自取	
服务头盘	上菜前核对座位图，从客人右侧送上并报菜名。撤盘时征求客人意见，从客人右侧将头盘餐盘和餐具一起撤下	
服务汤	使用汤盘，配垫盘，用托盘上汤并轻声报菜名	
服务副菜	若点了酒类，则先斟酒再从客人右侧上菜，调味汁从左侧上。副菜用完后将副菜餐具撤下	
服务主菜	上主菜时菜肴的主要部分靠近客人，沙司和配菜沙拉从客人左侧上，放于主菜盘上方。上牛排时应告知几成熟，客人吃主菜接近尾声时礼貌询问客人用餐感受	
服务甜点	撤走主菜盘、刀叉、面包盘、黄油碟、黄油刀、椒盐瓶等。摆上甜品叉勺，从客人右侧送上甜品。适时推销餐后酒	
服务咖啡或茶	若服务咖啡，先摆好奶盅和糖缸，咖啡糖包按每人两袋标准装入。右手持咖啡壶，从客人右侧倒咖啡。上茶时将茶杯放在客人右手边	

二、西餐酒水服务

酒水服务流程主要包括示酒、开酒、醒酒、试酒、斟酒和放置，如图 3–29 所示。

图 3–29　酒水服务流程

西餐酒水服务的每个环节都有具体的操作要求和规范，如表 3–32 所示。

表 3–32　酒水服务流程操作要求

酒水服务流程	具体操作要求
示　酒	站在客人右前方进行示酒，详见技能篇——斟酒技能
开　酒	当场为客人打开瓶盖，详见技能篇——斟酒技能
醒　酒	服务红葡萄酒时询问主人是否需要醒酒，如需要则在开酒后将其静置于酒篮 5~10 分钟，暂不进行斟酒服务
试　酒	用一块干净的口布擦净瓶口和瓶口内部，在主人的杯中倒入约 30ml 的酒让其品尝，如果是红葡萄酒则帮助客人轻轻晃动酒杯，使酒液与空气充分接触，主人对酒满意后方可为其他客人斟酒
斟　酒	斟酒时，女士及年长者优先，最后为点酒主人斟酒，详见技能篇——斟酒技能
放　置	斟完红葡萄酒后将酒瓶放入红酒篮置于服务桌上；斟完白葡萄酒及香槟酒后将酒瓶放入冰桶中以保持适饮温度

任务实训

以小组为单位，在实训室分角色扮演客人和服务员，并采用情景模拟法进行菜品服务和酒水服务的训练。具体操作方法为预先摆放西餐午、晚餐台面，准备自来水、萝卜块代替酒水和菜肴，条件允许的情况下用仿真菜肴代替，根据菜品服务流程提供上菜服务。根据酒水服务流程进行示酒、试酒及斟酒服务训练，并尝试在用餐过程中进行简单的对客交流。

任务评价

考核内容	考核要点	考核情况			有关问题记录
		优秀	合格	不合格	
西餐菜品服务	按西餐的用餐程序独立为客人提供菜品服务				
西餐酒水服务	按示酒、开酒、醒酒、试酒、斟酒和放置为客人提供酒水服务				

拓展延伸

牛排的原料

牛排是西方国家餐桌上的主要食物，世界著名的牛排原材料主要来自美国、加拿大、日本、澳大利亚等国家。根据牛身上的不同部位，牛排可分为菲力牛排（Filet）、肉眼牛排（Ribeye）、西冷牛排（Sirloin）和T骨牛排（T-bone）。

菲力牛排是指牛的里脊肉，该部位运动较少，肉质嫩。肉眼牛排是从近肋骨末端的一少部分切下来的，肉质有雪花纹路，柔嫩多汁，含一定肥膘。西冷牛排指肉质鲜嫩又带油花嫩筋的牛肉，基本上取自牛背脊一带，口感韧度强，有嚼劲。T骨牛排一般位于牛的上腰部，是一块由脊肉、脊骨和里脊肉等构成的大块牛排，T骨两侧量多的为西冷，量少的为菲力，所以食客兼能尝到鲜嫩和韧劲两种口感。

任务五　巡台服务及结账收尾

任务描述

夜色渐浓，在西餐厅灯光与烛火的交相辉映中，客人正享受着顶级牛肉，以及主厨精心料理的各色海鲜，配上储备丰富的佳酿，整个用餐氛围愉快浪漫。有些带小孩来的家庭用餐已接近尾声，有些窃窃私语的情侣还沉浸在甜蜜的用餐享受当中，而有些商务客人已经在吸烟区享用雪茄及高档的威士忌。领班和服务员穿梭在宾客间提供高规格的巡台服务和结账送客服务，每送走一桌客人，服务员还要为下一桌客人的到来做准备。

任务目标

熟悉巡台服务的内容及要求，能独立地为客人提供菜品的巡台服务；熟悉结账送客的服务要求及服务用语，能独立地进行结账送客及翻台服务。

任务准备

一、西餐菜品巡台服务

客人用餐过程中，服务员应提供巡台服务，包括帮客人添酒水饮料，添黄油和面包，撤餐盘、餐具和用具以及清洁桌面等，如图 3–30 所示。

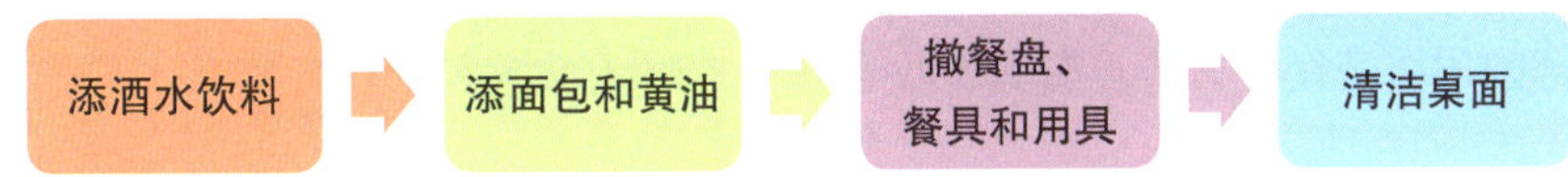

图 3–30　西餐菜品巡台服务

西餐菜品巡台服务有具体的操作标准和要求，如表 3–33 所示。

表 3–33　西餐菜品巡台服务要求

要　点	具体要求
添酒水饮料	当客人杯中的酒水饮料少于 1/3 时，为客人添加
添黄油和面包	客人主菜没吃完前，适当地为客人添面包，黄油剩 1/3 时可添
撤餐盘、餐具和用具	客人每吃完一道菜，征得客人同意后按先女后男次序撤盘，将刀叉放进空盘里徒手撤下 桌面上的小件物品如杯具、烟灰缸、黄油碟等用托盘撤走 烟灰缸要及时更换
清洁桌面	撤走餐具后需要清洁桌面，准备一个小餐盘及一块折叠好的餐巾或抹布，左手托住小餐盘底部，右手用折叠的抹布将食物碎屑扫入盘中。清洁时从客人左边开始按逆时针方向进行

二、结账送客

结账意味着餐饮服务的结束，应按程序要求把工作做好，避免出现错单、漏单和逃单的情况，如表 3–34 所示。

表 3–34　结账送客的内容

操作程序	具体内容	服务用语
结　账	客人要求结账时，询问客人要一张单还是分开埋单，并请客人稍等，到收银处为客人打印账单 核对账单上的内容如台号、人数、菜肴及酒水的消费金额是否准确 将账单放入账单夹或小银盘中，准备好结账用笔 站在主人或结账客人的右侧，双手打开账单夹，请客人核查，注意不要报出金额，可用手示意金额处，也不要让其他客人看到账单	请问是一起埋单还是分开埋单呢? Excuse me, would you like one bill or separate bill ? 先生，这是您的账单。 Sir, here is your bill. 请您在账单上签字。 Please sign on the bill.
送　客	客人起身离座时，及时上前为其拉开座椅 提醒客人带好随身物品，将客人送至餐厅门口，致谢并道别	请带齐您的物品。 Please bring your belongings with you, sir. 谢谢光临，拜拜。 Thank you for your coming, bye-bye.

三、收尾工作

（一）收台

将餐台四周椅子摆齐，清点餐具，收走餐巾，用托盘撤离所有餐盘、玻璃杯、咖啡杯、烟灰缸等。

（二）撤换台布

将脏台布对折撤走，铺上干净的台布，擦拭干净桌上物件如调味瓶、花瓶，并放回台面。

任务实训

以小组为单位，在实训室分角色扮演客人和服务员，并采用情景模拟法进行巡台服务和结账送客的训练。具体操作方法为预先摆放西餐午、晚餐台面，准备自来水、萝卜块代替酒水和菜肴，根据巡台服务流程提供添酒水饮料、添面包黄油、撤盘和清洁桌面的服务。使用账单夹尝试用英语进行结账和送客服务。

任务评价

考核内容	考核要点	考核情况			有关问题记录
		优秀	合格	不合格	
菜品巡台服务	为客人添酒水饮料，添黄油和面包，撤餐盘、餐具和用具以及清洁桌面				
结账送客服务	独立进行结账送客及翻台服务				

拓展延伸

雪　茄

雪茄是由干燥及经过发酵的烟草卷成的香烟。雪茄只有少量的烟味，常见的口味有皮革味、巧克力味、香草味、咖啡味、坚果味和水果味等。古巴生产的雪茄被认为是极品。上好的雪茄在保存适当的情况下能永久收藏，并且经过岁月的沉淀越来越浓郁香醇。

项目七　西餐宴会服务

情景导入

某国际知名大公司决定年终时在皇子酒店宴会厅举办一场西餐宴会，答谢新老客户50人。餐厅主管安排新员工小安跟着“金牌”员工小李实习。只见小李在客人抵达之前反复检查宴会厅的各项设施设备、餐具物品，并拿着宴会预订单跟厨房沟通确认菜肴。小安心里嘀咕：“有必要那么紧张吗？”到了宴会举办的这一天，小安与师傅一起调制餐前鸡尾酒，有位客人来到吧台前问：“你们的鸡尾酒是不同调酒师调出来的吧？这杯真的不敢恭维。”小安一看，恰恰是自己调制的那杯，脸一下子红了，她为自己的怠慢感到惭愧。

任务一　西餐宴会的预订服务

任务描述

10月9日上午，温泉宾馆宴会部的预订员小张接到某外资企业的电话预订，要求安排100位来宾的商务用餐，以宴请公司的重要客户，采用西式宴会方式进行，时间安排在周五晚上的6:30。小张将企业名称、预订人姓名、电话、宴请人数、主办方的特殊要求和结账方式等信息记录在宴会预订单上，并拟写了宴会通知单发放至各有关部门。良好的预订服务既是产品推销的过程，又是客源组织的过程，让我们从西餐宴会的预订服务开始学习吧。

任务目标

掌握西餐宴会的特点，熟悉宴会的预订形式，能独立进行宴会预订服务。

任务准备

西餐宴会是按照西方国家的礼仪习俗、饮食习惯、宴会形式举办的高级用餐形式。

一、西餐宴会的特点

（一）讲究分餐制

采取分餐制，以西式菜品为主，用西式餐具，讲究菜肴与酒水的搭配。

（二）讲究服务程序和规范

西餐宴会的布局、台面布置有鲜明的西方特色，讲究服务礼节、服务的程序化。

（三）以长形台餐桌为主

一般以长形台为主，可根据宴会要求进行组合，有的宴会也使用方形台、圆形台。

二、宴会的预订服务

（一）宴会的预订形式

做好预订服务是西餐宴会准备工作中的重要一环，预订通常由宴会销售部的主任或销售员承接。宴会的预订形式如表 3–35 所示。

表 3–35　宴会的预订形式

预订形式	内　容
电话预订	联络客户的主要形式，可用于小型宴会的咨询、预订、核实等；也可用于大型宴会面谈前的电话沟通
面谈预订	宴会预订的有效形式，销售员可与宾客面对面洽谈宴会细节，回应宾客提出的要求并给出解决方案等。销售员要记录并填写宴会预订单，如图 3–31 所示
网络预订	宴会预订的新形式，可用于促销活动、在线回答宾客询问、为宾客提供服务方案等
其　他	通过信函寄送确认信，通过传真与客户联络等

（二）宴会的预订流程

宴会的预订流程主要包括业务洽谈、接受预订、填写预订单、填写宴会安排日记本、签订宴会合同书、收取订金、建立预订档案、发布预订通知、宴会的变更与取消以及督促检查，如图 3–32 所示。

熟悉宴会的预订流程并能独立地完成宴会的预订业务，是预订员应具备的基本能力，具体内容如表 3–36 所示。

图 3–31　面谈预订

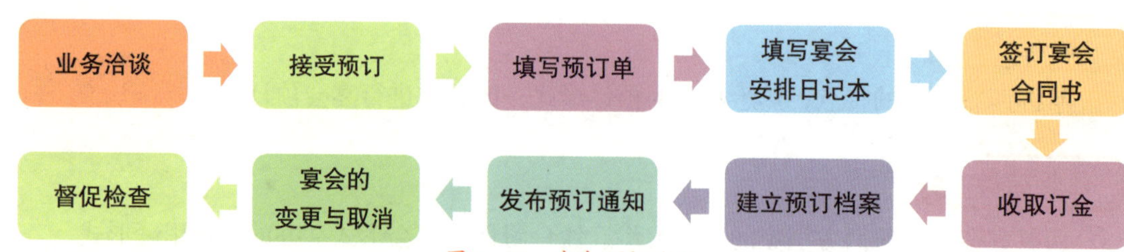

图 3–32　宴会预订流程

表 3–36　宴会预订

宴会预订流程	具体内容
业务洽谈	预订员应了解本饭店的宴会场所、设施、宴会档次、菜点，能为客人提供建议，善于议价
接受预订	与宾客洽谈宴请事项及细节，接受预订
填写预订单	详细填写如下项目：举办宴会的日期、时间；预订人的姓名、联系方式、单位名称及住址；宴请对象、出席人数；宴会活动类型、菜单及酒水要求；收费标准与付款方式；预订的宴会厅名称、布置要求；备注事项；经办人姓名及填写日期
填写宴会安排日记本	宴会安排日记本用于记录预订情况，需填写宴请日期、时间、客户电话号码、人数、宴会厅名称、活动名称，并注明是确定还是暂定
签订宴会合同书	宴会的举办确定下来后，为保障客户与饭店自身的权益，应送交客户确认信，并签订宴会合同书
收取订金	大型宴会一般收取宴会费用的 10%~15% 作为订金，对于信誉良好的常客可不收取订金
建立预订档案	将预订单分为“暂定”和“确定”两类归档，与客户保持联络
发布预订通知	填写“宴会通知单”送往有关部门
宴会的变更与取消	提前两天联系客户进一步确定已谈妥的事项，如有变更项目应填写“宴请变更通知单”发往有关部门。如果客人取消预订，应填写“取消预订报告”并通知有关部门
督促检查	预订员应督促检查宴请活动的准备工作，确保宴会的顺利举办

任务实训

在小组内采用角色扮演法、情景模拟法练习电话预订和面谈预订，并填写宴会预订单，如表 3–37 所示。

表 3–37　宴会预订单

<table>
<tr><td colspan="2">预订日期</td><td colspan="2"></td><td>预订人姓名</td><td></td><td colspan="2">电　话</td><td></td></tr>
<tr><td colspan="2">单位</td><td colspan="2"></td><td>宴会名称</td><td></td><td colspan="2">宴会类别</td><td></td></tr>
<tr><td colspan="2">宴会厅</td><td colspan="2"></td><td>预计人数</td><td></td><td colspan="2">最低桌数</td><td></td></tr>
<tr><td colspan="2">地址</td><td colspan="2"></td><td>人均餐标</td><td></td><td colspan="2">宴会费用</td><td></td></tr>
<tr><td>具体要求</td><td>菜单</td><td colspan="2"></td><td>酒水</td><td colspan="2"></td><td>宴会布置</td><td></td></tr>
<tr><td colspan="2">结账方式</td><td colspan="2"></td><td>预收订金</td><td></td><td colspan="2">确认签字</td><td></td></tr>
</table>

任务评价

考核内容	考核要点	考核情况			有关问题记录
		优秀	合格	不合格	
宴会预订洽谈	与宾客洽谈宴请事项及细节，接受预订				
填写宴会预订单	详细填写宴会预订单各子项目				

拓展延伸

请同学们以小组为单位上网收集宴会安排日记本、宴会合同书、宴会预订档案、宴会通知书及宴请变更通知单的样本，在班上分享，并尝试进行上述表格的设计，将设计的表格应用于西餐实训室的预订模拟训练。

任务二　西餐宴会的准备工作

任务描述

凯悦酒店宴会部即将迎来 HISOA 公司成立 10 周年庆的西餐宴会，在宴请活动的前两天，宴会厅的工作人员开始忙碌起来。HISOA 公司对菜肴和服务的要求很高，预计的用餐人数有 150 位，酒店需要从场地布置、物品准备、宴前检查等方面入手，做好充分的准备工作。

任务目标

熟悉西餐宴会的常见台形，能够做好西餐宴会的准备工作，熟悉宴前检查工作的内容及要求。

任务准备

一、掌握宴请情况，明确任务

（一）了解宴会的基本信息

服务员应详细了解宴会的规格与标准、来宾的个人信息及身份、宴会的台数与人数、开餐时间与菜式品种等。此外，还要了解宾客的风俗习惯、生活忌讳和特殊要求等。

（二）熟悉菜单，准备酒水

宴会服务人员应事先了解菜单，并根据菜单准备相应的餐具和用具，以及宴会需要的酒水饮料。

（三）召开例会，明确任务

由宴会经理召集服务员开例会，分配工作任务，明确各人员的职责和完成任务的注意事项。宴会的岗位设置包括餐台服务员、迎宾服务员、传菜服务员及宴会组织指挥人员等。

二、布置宴会场地

根据宴会通知单的要求布置宴会厅，进行陈设和物品装饰，营造豪华高雅、优美舒适的环境氛围。

（一）设计台形

根据宴会的人数、场地条件、宾客要求等来安排餐桌，餐台两边的椅子对称摆放，做到出入方便、左右对称、美观实用，并且做到桌布折缝一条线、桌腿椅子面一条线、花瓶台号一条线。西餐宴会台形通常有如下几种形式（如表 3–38 所示）。

表 3–38　西餐宴会台形

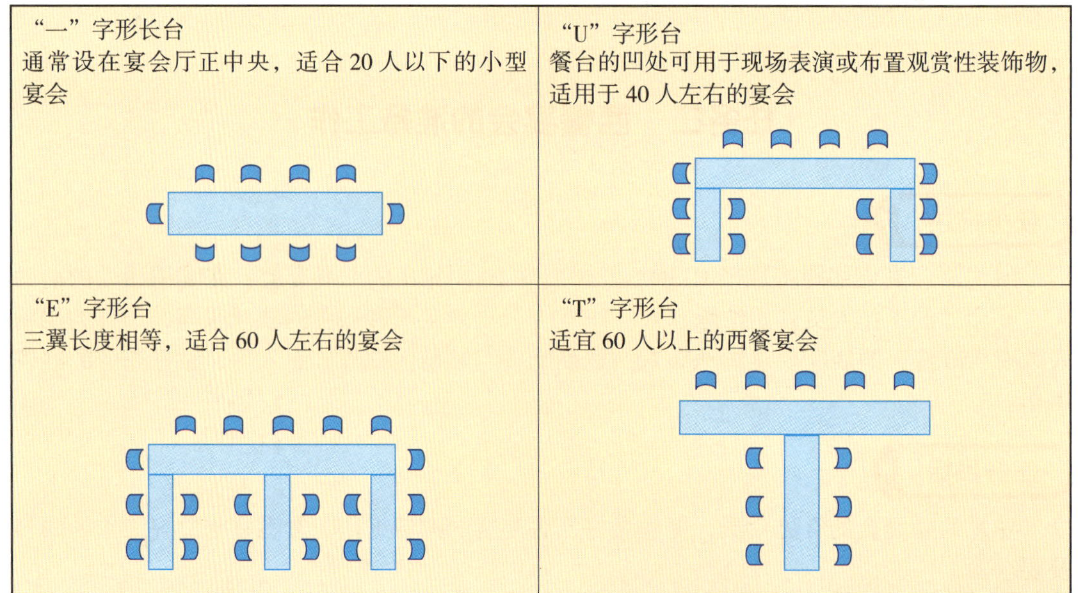

“一”字形长台 通常设在宴会厅正中央，适合 20 人以下的小型宴会	“U”字形台 餐台的凹处可用于现场表演或布置观赏性装饰物，适用于 40 人左右的宴会
“E”字形台 三翼长度相等，适合 60 人左右的宴会	“T”字形台 适宜 60 人以上的西餐宴会

（二）布局餐桌

布局餐桌时应突出主桌，将主桌安排在面向会场的正门口或置于宴会厅的中心位置，主桌的席椅、台布、桌花等装饰与其他餐桌区别开。西餐宴会使用的桌椅、桌裙、台布等要求统一规格，整齐划一。

（三）布置美化现场

（1）布置休息室，在中国有吸烟区和非吸烟区之分，必要时可分设男宾休息室和女宾休息室，如图 3–33 所示。

图 3–33　宴会休息室

（2）布置会场：根据宴会通知单的要求布置装饰会场，根据宴会的目的、性质和举办者的要求，相应布置好主席台、致辞台、舞台，调试好音响、麦克风等。

三、西餐宴会的物品准备

西餐宴会的物品准备包括准备工作台、餐饮用具、酒类饮品、面包黄油等，如表3–39所示。

表 3–39 西餐宴会的物品准备

物品准备	操作标准	图　例
准备工作台	根据宴会的标准和要求准备工作台，工作台上摆放冰水壶、咖啡具、茶具、托盘、烟灰缸、服务用具等。备餐间内准备面包篮、黄油、酒水、调味品等	
准备餐饮用具	根据菜单所列的菜肴酒水，备齐餐具、酒具及用具 准备金属器具、瓷器用具、杯具、棉织品等（见技能篇——西餐宴会摆台），备用餐具应占宾客人数的 1/10 准备服务用具如席位卡、烛台、开瓶器、冰桶、洗手盅等	
准备酒类饮品	设小酒吧间或在宴会一侧设吧台，按菜单要求领取酒水并码放整齐，备好冰桶、开瓶器等 调制好鸡尾酒及其他饮料，需冰镇的提前降温 准备冰水和矿泉水，开餐前倒入客人水杯中	
准备面包、黄油	开餐前 10 分钟将面包、黄油分别放入面包盘和黄油碟中，所有宾客的面包种类和数量要求一致	

任务实训

以小组为单位在西餐实训室尝试进行宴会的台形设计与组合。根据所设计的台形及席位总数罗列出所需要的物品，并进行物品的准备及检查。

任务评价

考核内容	考核要点	考核情况			有关问题记录
		优秀	合格	不合格	
西餐宴会的物品准备	准备工作台、餐具、酒具、酒吧区、面包黄油				

拓展延伸

宴会厅的布置美化

宴会厅的会场布置可从以下几方面入手：（1）在宴会厅四周摆放盆景花草渲染热烈的气氛。（2）如是婚宴或寿宴，在致辞台后面挂上“喜”字或“寿”字，或由布置会场的第三方进行美化装点。（3）宴会厅的温度湿度控制在规定范围内，以防宾客过多及菜肴的热度引起室温升高。（4）布置举办方致辞台，在主桌右后侧设置台面，铺台布、围桌裙、用鲜花装饰，并放上麦克风，便于宾主致辞。（5）如安排有乐队演出或现场节目，可布置表演舞台或设计出相应的场地。

任务三　西餐宴会的服务程序

任务描述

HISOA 公司成立 10 周年庆的西餐宴会正在凯悦酒店宴会厅举行，150 位宾客同时用餐，席间安排有宾主讲话及香槟祝酒，现场氛围热烈，掌声不时响起。服务员和领班穿梭在宾客间提供高规格的服务，配合默契，你准备好加入他们的服务行列了吗？

任务目标

熟悉西餐宴会用餐服务流程，掌握餐前鸡尾酒会服务与席间服务的标准和技能。

任务准备

一、餐前鸡尾酒会服务

正式的西餐宴会开始之前，在宴会厅的一侧或门前酒廊会安排半小时到一小时的餐前鸡尾酒会。此时服务员用托盘巡场端送鸡尾酒、饮料服务宾客。在餐厅一角设几张小餐台，放上各式小点心如油炸小点心、干果类、蔬菜条等，供宾客自行取用，同时还要摆设鲜花、餐巾纸等用品。

二、西餐宴会席间服务

（一）引领入座

宾客到齐后，如果主人表示同意，则引领宾客入席；或者在开餐前 5 分钟左右主动询问主人是否可以开席。按照先女后男、先宾后主的原则为客人拉椅让座并铺上餐巾（具体可见服务篇——西餐零点服务）。

（二）席面服务

席面服务程序主要包括面包黄油服务、上菜服务、撤盘服务、甜点和水果服务以及递洗手盅和香巾等，如图 3–34 和表 3–40 所示。

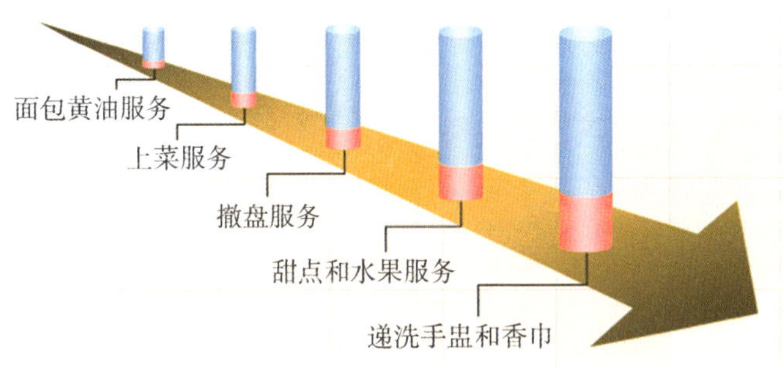

图 3–34 席面服务程序

表 3–40 席面服务要点

服务程序	要 点
面包黄油服务	宴会开始前几分钟从客人左手边分派面包，摆上黄油 随时给客人续添面包，面包盘直到撤主菜盘时方可一同撤掉
上菜服务	按照宴会的上菜顺序，即开胃品、汤、副菜、主菜、甜点水果、咖啡或茶进行上菜服务 多采用美式服务或俄式服务，在客人右侧上菜，从客人左侧分派所配的沙拉、沙司等。当主菜采用俄式服务时，则由值台员托着大浅盘从左侧为客人分派主菜和蔬菜 凡搭配酒水的菜品，应先斟酒后上菜
撤盘服务	在上每一道菜之前，应先徒手撤去上一道菜的餐盘及餐具，一次不要拿太多，以免打破 西餐宴会要求等所有宾客吃完同一道菜后再一起撤盘
甜点和水果服务	上甜点之前撤下除酒杯之外的其他餐具，用一块叠成小正方形的餐巾进行扫台 撤换烟灰缸，摆好甜品叉勺。如果上水果可跟上叉勺，上冰激凌配上专用的冰激凌勺 如安排有宾主讲话，则在上点心之前斟倒香槟酒，以便祝酒致辞
递洗手盅和香巾	西餐宴会中当客人吃完虾蟹等带壳的菜肴后，或吃水果之前，或用餐完毕后，应送上洗手盅，盅内放温水，放入花瓣或柠檬片装饰，用托盘递至客人右上方

三、结账送客及收尾工作

参考西餐零点服务的结账送客及收尾工作。

任务实训

以小组为单位，在实训室分角色扮演客人和服务员，并采用情景模拟法进行西餐宴会服务程序的训练。具体操作方法为设计宴会台形并摆放西餐宴会台面，准备自来水、萝卜块代替酒水和菜肴，根据宴会席面服务要求进行面包黄油服务、上菜服务、撤盘服务、甜点和水果服务以及递洗手盅和香巾等。

任务评价

考核内容	考核要点	考核情况			有关问题记录
		优秀	合格	不合格	
西餐宴会席间服务	提供引领入座服务、面包黄油服务、上菜服务、撤盘服务、甜点和水果服务及递洗手盅和香巾				
宴会收尾工作	结账送客、收台和撤换台布				

拓展延伸

怎样去参加西餐宴会

去参加西餐宴会应着装得体，男士着西装和皮鞋，女士穿套装和有跟的鞋子。进入餐厅时，除了手提包，其他物品应寄存在衣帽间，从席椅左侧入座。女主人把餐巾铺在腿上标志着宴会开始，席间不可用餐巾擦刀叉，临时退席时将餐巾放在椅子上，宴会结束时将餐巾折叠放回桌面。用餐时左手拿叉，右手拿刀，将食品切成小块，咀嚼时不要发出声音，取拿椒盐瓶时请附近的人帮忙传递并道谢。

1. 了解服务礼仪在餐饮服务中的重要作用。
2. 掌握餐饮服务人员的服务技巧，培养服务意识。

项目一　餐饮服务人员的形象礼仪

情景导入

王先生是马来西亚一家著名外贸公司的总经理，为了拓展业务来到中国，并在一家五星级酒店住下。当天中午，王先生约了合作方负责人郑先生在酒店餐厅共进午餐。正值中午，餐厅客人熙熙攘攘，很是热闹。服务员小李是个热情、服务态度极好的员工，由于当天餐厅客人多太忙碌，小李的工作服已经被汗水浸湿，头发有些凌乱。

王先生到店时，小李马上笑脸相迎，可是王先生却皱了皱眉。随后，王先生坐下等候他的朋友。当郑先生到达餐厅的时候，小李又马上笑脸相迎，用食指指向王先生的位置，说："郑先生，您的朋友已经在那等候您了。"王先生当场黑了脸，怒气冲冲地带着郑先生离开了餐厅。

1. 为什么王先生会对满脸笑容的服务人员皱眉呢？
2. 请分析小李有哪些不合规范的行为。
3. 如果你是小李，你会如何注意这方面的礼仪？

任务一　仪容仪表

任务描述

从今天起同学们要去中山温泉的餐厅实习，作为一名服务员，你知道什么样的仪容仪表才是符合规范的吗？

任务目标

通过知识介绍和任务实训，学生能够正确掌握餐厅服务人员仪容仪表的要求。

任务准备

俗话说："出门看天色，进门看脸色。"干净整洁的装扮使人赏心悦目，客人之所以来餐厅消费，美食是重要原因之一，环境也起着举足轻重的作用，而服务人员的仪容仪表直接影响客人的用餐氛围及心情。仪容指的是人的面容装扮，仪表指的是人的衣着打扮，服务人员清爽得体的面容、干净整洁的着装会给客人留下深刻的印象。

一、着装

女服务员工装多为裙装，男服务员工装多为西装，需统一工装上岗，按要求穿戴整齐，如表4–1所示。

表4–1 服务员着装标准

着装标准	女服务员示例	男服务员示例
1. 女服务员： （1）工装合身得体，若穿裤装，以裤脚长至脚面为宜，需有围裙；若穿裙装，裙摆长至膝盖为宜 （2）工号牌水平佩戴在工装左胸上方，不宜在工装上佩戴小饰品，比如胸花、钥匙扣等小饰物 （3）穿肉色丝袜，外表无破洞、无脱丝 2. 男服务员： （1）穿深色长筒袜子，佩戴黑色皮带，切记皮带上勿挂其他饰物 （2）若工服配有领带，则领带领结大小适中，长度适宜，系好的领带下端要和皮带的上沿对齐，并且要保持正、紧 （3）所有口袋勿因放置钱包、手机等物品而鼓起		

二、发式

男女服务员的发式标准各不相同，如表4–2所示。

表4–2 服务员的发式标准

性　别	发式标准	示　例
女服务员	1. 长发标准：长发需盘起，发髻下端以不过衣领为准 2. 短发标准：短发不过领，虚发要用发胶定好型 3. 刘海不盖眉 4. 头发干净有光泽且无头屑 5. 不佩戴除餐厅规定外的发饰	
男服务员	1. 头发保持干净、无头屑、有光泽，不染发，不烫发，不理怪异的发型 2. 头发长度大于1厘米，前面刘海不及眉，后面头发不过衣领，两边鬓角不过耳朵中部 3. 用发胶梳理头发时，注意不能显得太湿或者太油	

三、修饰

（一）面容要求

女服务员的妆容要求干净清新、淡雅自然，每两个小时检查一次妆容。男服务员无须化妆，但要保持面部整洁，给人清爽的感觉，如表 4-3 所示。

表 4-3 服务员面容要求标准

性 别	标 准	示 例
女服务员	1. 女服务员化淡妆 口红：以普通红色为宜，淡薄涂，切勿厚涂深色口红 腮红：均匀、淡薄，沿着颧骨刷 描眉：以深棕色为宜，切忌将眉毛描得过黑、过粗 眼影：以柔和色调为主，如棕色、灰褐色 遮瑕：使用颜色较自然的遮瑕膏，遮盖脸上的斑点或黑眼圈 2. 眼睛、耳朵、口腔卫生干净	
男服务员	1. 每天刮胡须，不能留胡须 2. 鼻毛要经常修剪，不得外露 3. 眼睛不得有眼屎，不得戴有色眼镜 4. 注意耳朵卫生干净 5. 班前检查口腔卫生，牙缝不得有食物残留，口中无异味	

（二）手部要求

手部是否干净卫生最能反映一个人的卫生习惯，要经常保持手部干净卫生，经常洗手。

（1）指甲长度不宜超过 1 毫米，不能有黑边。

（2）女士尽量不涂指甲油，或选用透明指甲油，切忌选用带图案的美甲。

（3）冬天常涂护手霜，保持手的湿润光洁。

（三）首饰要求

餐厅对服务员首饰佩戴有严格的要求。

（1）女士允许佩戴比较简洁的耳针，但是直径不应超过 2 毫米。

（2）不准佩戴鼻环、手链、脚链、戒指以及很夸张的头饰，但已婚男女允许佩戴婚戒。

（3）可佩戴手表、项链，所戴项链不得外露。

四、个人卫生

服务员要养成良好的卫生习惯，做到以下三点：

（1）班前洗澡，勤换衣服，不留汗味，不应使用气味浓烈的香水。

（2）班前不吃异味较重的食物，比如韭菜、洋葱等，饭后漱口，确保牙缝中无异物。

（3）有烟瘾的男服务员要注意身上不要带有烟味。

任务实训

请同学们分组复习讨论仪容仪表要求，并根据要求自我整理 10 分钟。

任务评价

考核内容	考核要点	考核情况			有关问题记录
		优秀	合格	不合格	
男、女服务员仪容仪表	检查： 1. 着装符合标准 2. 发式符合标准 3. 修饰符合标准 （1）面容要求 （2）手部要求 （3）首饰要求 4. 个人卫生符合标准				

拓展延伸

一、领带结的打法

领带结的打法非常多样化，下面介绍两种常用打法，如表 4–4 所示。

表 4–4　领带结打法

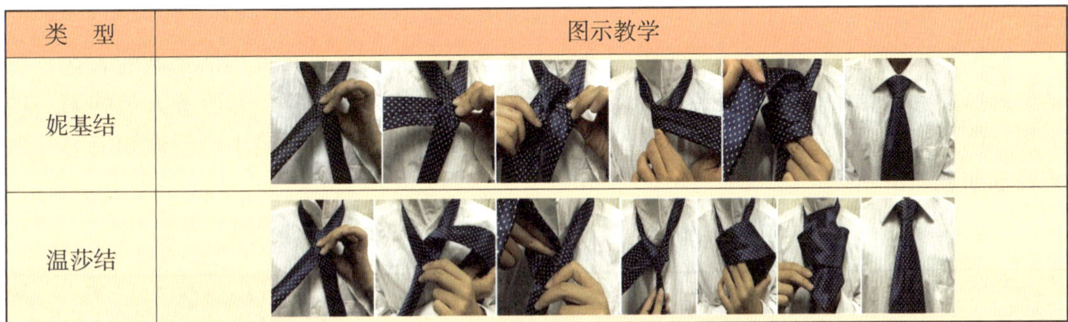

类　型	图示教学
妮基结	
温莎结	

二、丝巾的打法

佩戴适合的丝巾会使女性看起来更加优雅美丽，常见的丝巾打法有两种，如表 4–5 所示。

表 4–5　常见的两种丝巾打法

类　型	图示教学
活泼蝴蝶结	
平　结	

任务二　仪态

任务描述

今天某公司职工一共108人在西餐厅聚餐，该公司的董事长是一位特别注重礼仪的人，要求在接待服务方面一定要周到，礼仪礼貌到位。餐厅停车场到餐厅的距离有些远，董事长希望他的员工从停车场到餐厅都能有服务员指引，并且提供热情周到的服务。如果你是该餐厅的服务员，你知道在指引客人时要注意哪些仪态礼仪吗？

任务目标

通过本次任务的理论知识学习和技能训练，培养学生标准规范的仪态，提升学生在各种服务情景中随机应变的能力。

任务准备

仪态指的是人的行为举止，是一个人修养的直接体现。在餐厅里，服务人员的一举一动都会落入客人眼中，优雅的行为举止会带来美的视觉感受。仪态包括微笑、手势、鞠躬等动作。

一、微笑

微笑是一种艺术，是世界上通用的语言，是餐饮服务人员对客人热情真诚的表达，更是个人修养与自信的体现。微笑是餐饮服务业中最常用的体态礼仪，是服务人员的第一项工作，能拉近与客人之间的距离，带给客人亲切和温暖的感觉。微笑小窍门你知道吗？微笑要求如表4–6所示。

表4–6　微笑要求

操作要求	示　例
放松面部肌肉，嘴角微微上扬，自然露出6~8颗上齿	
眼神亲切有神，眼睛注视顾客双眼和嘴之间的三角区	
口和眼结合，眼神含笑，表情自然轻松，发自内心真诚地微笑	

二、手势

手势是一门无声的语言，在餐厅的服务过程当中，特定的环境以及特定的手势比语言表达更加清晰，甚至可以弥补语言沟通的不足。因此，手势礼仪是在餐厅服务过程当中极其重要的体态语言。常用的手势礼仪有四种，如表4–7所示。

表 4–7　常用的手势礼仪（以右手为例）

类型	横摆式	直臂式	斜摆式（请坐）	挥手道别
手势要领	“横摆式”手势一般是用于表示“请进”的谦让礼姿势。首先应轻声跟客人说“先生 / 小姐，您请”，然后再采用“横摆式” 手指伸直并拢，手掌伸直，手心向上与地面成 45°；肘关节弯曲；手从躯前抬起并向右摆动至身体右侧稍前方停住；头和身体微向右侧倾斜，目视来客，面带微笑	在餐厅中“直臂式”手势一般用于为客人指引方向 手指伸直并拢，手心斜向上；手从腹前抬起，指向要去的方向；摆至肩的高度为止，肘关节基本成直线；身体侧向来宾，目光集中于中指的方向或来宾	“斜摆式”手势在请来宾入座时使用，也被称为“请坐”手势。 手指伸直并拢，手掌伸直，前臂从上向下摆动，手臂向下成一斜线，并且微笑示意来宾入座	挥手道别用于客人离开餐厅时 手指伸直并拢，手掌伸直，手臂伸直成一直线，掌心朝向对方，手腕晃动
示例				

三、鞠躬

鞠躬即弯腰行礼，用于表达对他人的敬重、感谢、歉意。行鞠躬礼时，应停步立正，面对客人，以 2~3 步的距离为宜，以腰部为轴，上半身缓慢向前倾。餐厅服务人员在提供服务的过程当中，要根据服务对象的情况提供相对应的鞠躬礼，如表 4–8 所示。

表 4–8　常用的鞠躬类型

鞠躬类型	鞠欠身礼 动作要领：头、颈、背成直线，目视客人，身体稍向前倾	15° 鞠躬礼 动作要领：头、颈、背成直线，双手自然垂放在裤缝两边或双手交叉放在体前，向前倾斜 15°，目光落于体前 2 米处；慢慢抬起，注视对方	30° 鞠躬礼 动作要领：颈、背成直线，双手自然垂放在裤缝两边或双手交叉放在体前，向前倾斜 30°，目光落于体前 1.5 米处；慢慢抬起，注视对方	45° 鞠躬礼 动作要领：颈、背成直线，双手自然垂放在裤缝两边或双手交叉放在体前，向前倾斜 45°，目光落于体前 1 米处；慢慢抬起，注视对方

续表

适用场景	给客人奉茶时 与客人正对面时	遇到餐厅贵宾时 行走中遇到客人问询时	在餐厅门口或电梯口迎接客人时 欢送客人时	一般在距对方 2~3 米的地方，在与客人有目光交流的时候行礼，面带微笑
示例				

任务实训

角色扮演

技能训练：仪态礼仪训练。

训练方法：情景模拟法。

（1）以小组为单位，根据情景，结合所学仪态知识，以表演的形式展示以下情景所需注意的礼仪。

国庆黄金周的第一天，正是王先生和韩女士的结婚之日，两位新人希望来参加他们婚礼的宾客都能享受最好的服务。由于婚礼邀请了公司老总、重要客户，他们给重要的客人特别安排了最佳位置，希望餐厅能在贵宾到达餐厅的那一刻开始就提供最优质的服务。

（2）每个小组派代表演示，两人扮演客人，其他人扮演服务员。

（3）学生互换角色进行训练。

任务评价

考核内容	考核要点	考核情况			有关问题记录
		优秀	合格	不合格	
微笑	迎接客人时微笑真诚、亲切				
手势	不同服务场景中手势使用情况				
鞠躬	鞠躬礼仪的使用情况				

拓展延伸

在餐厅的仪态礼仪当中，站、坐、蹲、走姿也常用到，优雅的动作会给客人带来愉悦的感受。其动作要领如表 4–9 所示。

表 4-9　站、坐、蹲、走动作要领

姿　态	女　士	男　士
1. 站姿要求：头正颈直、目视前方、下颌微收、两肩持平 2. 女士丁字步站姿：两脚略分开，一只脚略上前贴在另一只脚内侧中间位置；右手搭在左手上，拇指内收，置于腹前 3. 男士分腿站姿：两脚平行分开，与肩同宽，脚尖朝前；双臂自然下垂置于体侧，或者双手交叉，放于背后尾骨处或置于腹前		
1. 坐姿要求：上身保持正直，微前倾；双肩自然放松、正平；坐满椅子的 1/2~2/3，不可靠椅背 2. 女士标准式坐姿： 双手：掌心向下，拇指内收，交叉叠放在偏左腿或者偏右腿的地方，同时靠近小腹 双脚：双膝并拢，双脚并拢，小腿垂直于地面，脚尖朝前 3. 男士标准式坐姿：两手掌心向下放于两腿或者扶手上；小腿垂直落于地面，两脚自然分开	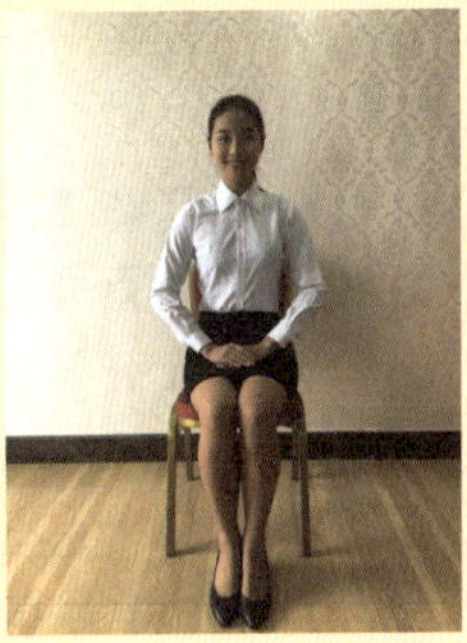	
1. 女士高低式蹲姿：下蹲后，双脚并排，右脚在前，左脚在后；右脚掌面完全着地，小腿垂直于地面，左脚脚跟提起；左膝盖低于右膝盖，左膝内侧贴近右小腿内侧，总体上右膝高、左膝低；臀部向下，左脚成为主受力点 2. 男士单膝点地式蹲姿：下蹲后，左膝或者右膝点地，臀部坐于脚跟上，脚尖着地，另一只脚小腿垂直于地面，脚掌着地；两膝同时向外，双腿尽量靠拢；主要受力点在于脚尖着地之脚		
走姿要求： 1. 上身挺直，抬头挺胸，表情放松自然 2. 身体重心稍向前倾，双臂自然协调地前后摆动 3. 步速平稳，跨步要均匀，步幅约一只脚至一只半脚的长度 4. 穿裙装时，脚尖与脚跟要基本成一条直线；穿裤装时，可走成两条平行的直线 5. 变向时应采用后退步。先向后退两三步，步幅要小，同时脚底轻擦地面，再转身离去		

项目二 餐饮服务人员的谈吐礼仪

情景导入

一个炎热的中午，一位客人打电话向餐厅预订了一个商务套餐，半小时后到店用餐，希望餐厅给他留位。服务员小笛接受了客人的预订，想着自己三十分钟后还在上班，餐厅中午用餐人数也不多，商务套餐只需要提前十五分钟准备即可，因此觉得没有必要做预订记录。大约十分钟后，小笛被餐厅主管叫去帮忙其他的事情，没来得及跟其他同事交代。半小时后，客人来到餐厅，询问当值服务员商务套餐准备好了没有，结果当值服务员表示没有接收到预订。由于客人赶时间，很急躁："我要赶飞机才提前预订，耽误航班你负得起责吗？"当值服务员顿时也急了："先生，如果你有预订的话，我们一定会有预订记录的。请不要大喊大叫。"客人听后，十分生气，于是向餐厅经理投诉。

1. 请问服务人员接到客人预订电话的时候需要怎么做？
2. 服务人员该如何文明礼貌地与客人交谈？

任务一 电话礼仪

任务描述

小李是餐厅送餐部工作人员，今天是她第一天上岗，她的主要工作内容是接听电话、帮助客人订餐，并通知同事将餐派送到客人住房。王先生是个性子急躁的人，打电话订餐时只口述了一遍就急匆匆地挂了电话，然而小李还没搞清楚王先生的订单，因此她打算回拨电话问清楚。如果你是小李，你该如何礼貌地接听王先生的预订电话，回拨王先生的电话时要怎么做？

任务目标

通过本任务的知识学习和任务实训，学生掌握正确的、礼貌的打电话、接电话技巧。

任务准备

一、电话礼仪的基本要求

服务人员电话礼仪的基本要求：声音清晰响亮、反应迅速灵敏、态度和蔼亲切、言语准确无误，如图 4–1 所示。

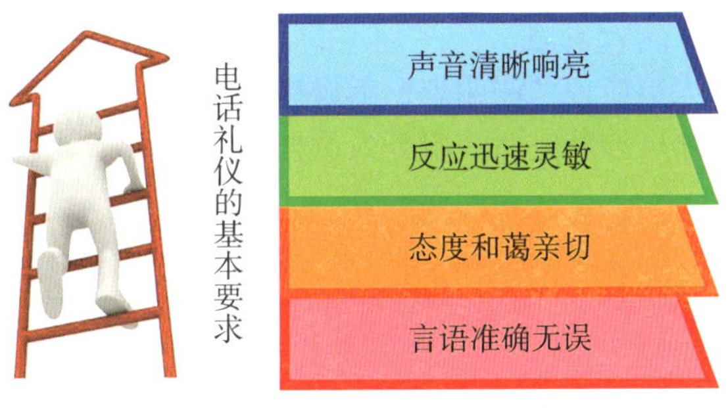

图 4–1　电话礼仪的基本要求

二、接电话的基本礼仪

接电话包括接线前、电话中、挂电话三个部分。接电话的礼仪要求如图 4–2 所示。

电话接线要迅速准确 → 保持愉悦的心情与客人沟通 → 注意聆听 → 认真记录与确认 → 挂断电话前注意礼貌

图 4–2　接电话的礼仪要求

（一）电话接线要迅速准确

餐饮部所接到的预订电话都很重要，因而电话接线要迅速准确。电话铃响两声内服务人员需面带微笑立即接听电话，铃声不超过三声。如果电话铃响了五声才拿起话筒，应该先向宾客道歉，若电话响了许久，服务人员接起电话只是“喂”了一声，客人会十分不满，会给客人留下恶劣的印象，甚至会错失商机。在通话时，通话筒一头应放在耳朵上，另一头置于唇下约 5 厘米处，中途若需与他人交谈，应用另一只手捂住通话筒。

（二）保持愉悦的心情与客人沟通

接电话时的第一句话是“您好，XX 酒店餐饮部，我是 XXX，很高兴为您服务”，先自报“家门”，给客人最好的第一印象。接听电话时要保持愉悦的心情，这样即使对方看不见你，从欢快的语调中也能感受到温暖，从而使宾客在第一时间就感受到优质的服务，给对方留下极佳的印象。由于面部表情会影响声音的变化，因此即使在电话中，也要抱着“对方看着”的心态去应对。

（三）注意聆听

在客人讲完之前不要打断对方，对听不清楚的地方，要复述客人的话，以免搞错。听电话时要注意礼貌，仔细聆听客人的话，把客人重要的话进行重复和附和，应不时地用“好的”“对”“是”来给客人积极的反馈，表示在认真倾听。

如果客人是反映问题或投诉，接听要耐心，回复客人的话要注意语气和措辞，要显得热情、诚恳、友善，并使客人能体会到你对他的关注。

（四）认真记录与确认

在电话机旁边要准备好纸跟笔，在接受客人预订过程中，预订员应左手持通话筒，右手做记录，在记录本上准确记录客人预约的人数、时间、桌次等信息。记录时要重复客人的话，以检验是否无误。

（五）挂断电话前注意礼貌

通话结束时，服务人员应说“谢谢您！恭候您的光临”。通话时，客人先挂断电话方为通话完毕，服务人员才可挂断电话。服务人员挂电话的时候，要轻放，先按断扣机键，再放下通话筒。

三、打电话的基本礼仪

（一）选择适当时机打电话

当因餐厅的原因与客人的预订产生冲突时，预订员需打电话与客人进行沟通，要选择恰当的时机，不能打扰客人的正常休息；进行沟通前，一定要先给客人致歉再说明缘由。

（二）语言要简明扼要

预订员打电话的时间最好控制在 3 分钟以内，因此需要事先整理好电话内容跟要点，养成打电话简练、条理性较强的好习惯，接通电话后简洁清楚地讲出事情原委，重要的地方需要重复一下，以确保客人完全清楚你的意思。这也会让客人感受到餐厅预订员训练有素、专业到位。

（三）使用恰当的称呼

如果是贵宾，应以姓氏＋职务称呼，这样可以显示出餐饮部对客人的尊重。如“李主任，您好，这里是 XX 酒店餐饮部，我是 XX”。

如果只知道客人的姓氏，就按姓氏冠以先生、女士称呼，如“林先生”。

（四）注意说话礼貌

音量要适中，以客人听得清晰为准。语速要稍缓，语气应平和，给客人以亲切感，但不可拿腔拿调、装腔作势。打电话始终要用礼貌语，常用的有“您好”“我说清楚了吗”“谢谢”“再见”“晚安”。

四、接电话的步骤

接电话主要有五个步骤，如图 4-3、表 4-10 所示。

拿起通话筒并告知身份 → 确定客人身份 → 记录信息 → 再次确认 → 结束语

图 4-3　接电话步骤

表 4–10　接电话的步骤及要求

操作步骤	操作要求
拿起通话筒并告知身份	拿起通话筒，并使用礼貌用语告知客人自己的身份，注意对话过程中保持亲切的语音语调。如“您好，XX 酒店餐饮部”
确定客人身份	确定客人身份。如“XX 先生，您好”
记录信息	边听取客人来电的用意，边进行记录。特别注意时间、地点、人数、菜式等重要信息。
再次确认	再一次确认客人的预订或更改信息。如“请您再重复一遍”
结束语	礼貌结束与客人的对话，轻轻放下通话筒。如“谢谢”“再见”

五、打电话的步骤

打电话主要有五个步骤，如图 4–4、表 4–11 所示。

图 4–4　打电话五大步骤

表 4–11　打电话的步骤及操作要求

操作步骤	操作要求
打电话前准备	打电话前准备好要讲的内容、资料，面部保持微笑
拨打电话，告知身份	拨打电话，使用礼貌用语问候客人并告知自己的身份。如“您好，XX 酒店餐饮部，我是 XX”
确认对象	确认电话对象是否是自己要找的客人。如“请问是 XX 先生吗”
简述缘由	简述拨打这通电话的缘由，在此过程中保持通话区域的安静。如“今天打电话给您是想确认一下下周二的酒席预订桌次”
结束语	礼貌结束与客人的对话，轻轻放下通话筒。如“谢谢”“再见”

任务实训

技能训练：餐厅电话预订。

训练方法：情景模拟法。

（1）分小组设计情景对话。

情景一：客人预订餐位，服务员接听电话，帮助客人落实预订。

情景二：由于客人之前的预订存在问题，服务员需要与客人进一步沟通。

（2）每个小组派代表演示，一人饰演电话预订员，一人饰演客人。

（3）学生转换身份，互换角色进行训练。

任务评价

<table>
<tr><th rowspan="2">考核内容</th><th rowspan="2">考核要点</th><th colspan="3">考核情况</th><th rowspan="2">有关问题记录</th></tr>
<tr><th>优秀</th><th>合格</th><th>不合格</th></tr>
<tr><td rowspan="2">接电话</td><td>接电话的基本礼仪</td><td></td><td></td><td></td><td></td></tr>
<tr><td>接电话的步骤</td><td></td><td></td><td></td><td></td></tr>
<tr><td rowspan="2">打电话</td><td>打电话的基本礼仪</td><td></td><td></td><td></td><td></td></tr>
<tr><td>打电话的步骤</td><td></td><td></td><td></td><td></td></tr>
</table>

拓展延伸

礼、礼貌、礼节、礼仪的关联与不同

礼、礼貌、礼节、礼仪，四个名词所代表的含义既有联系又有差异。其关联是：其一，礼包括了礼貌、礼节、礼仪，它们的本质都是表示对他人的尊敬与友好。其二，礼貌、礼节、礼仪是礼的具体表现形式。其不同在于：礼貌是礼的行为规范，礼节是礼的惯用形式，礼仪是礼的较隆重的仪式。

任务二　交谈礼仪

任务描述

交谈礼仪的目的是通过传递尊重、友善的信息，给人以美的、温暖的感受。在餐厅中，服务人员通过文明、礼貌的语言与客人沟通并建立起情感沟通的纽带，在使用轻松、幽默、赞美的语言所营造的愉快、亲切的氛围中提升客人对餐厅的满意度。在任何时候，服务人员与客人交谈都应该注意有关礼仪，口无遮拦、随心所欲的交谈，会让餐厅失去客人或目标群体。

任务目标

通过本任务的知识学习和案例讨论，学生掌握文明礼貌的交谈礼仪，并在实际生活中自如运用，使之成为一个良好的生活习惯。

任务准备

一、交谈礼仪的基本要求

与客人交谈时要注意距离、称呼、语言与态度、语气语调，如图 4–5 所示。

保持适当的服务距离 | 恰当的称呼 | 得体的服务语言与态度 | 语气语调亲切自然

图 4-5　交谈礼仪的基本要求

（一）保持适当的服务距离

服务人员在餐厅与客人交谈时需要保持适当的服务距离，一般情况下，交谈时应保持的距离为 0.5~1.5 米。

从礼仪上说，说话交谈时与对方离得过远，会使对话者误认为你不愿向他表示友好和亲近，这显然是非常失礼的。但是如果在较近的距离与人交谈，稍微不注意就会把口沫溅在别人脸上，这也是最令人讨厌和不卫生的。因此从礼仪角度来讲，一般保持一到两个人的距离最为合适，这样做，不仅让对方感受到亲切的气氛，又保持了一定的“社交距离”。

（二）恰当的称呼

称呼礼仪是指餐饮服务人员在工作中用恰当的称谓来称呼客人，如称客人为“经理”“夫人”“先生”“小姐”等。称呼要切合实际，如果称呼错了，不但会使客人不悦，引起反感，甚至还会产生笑话和引起误会。服务人员需要记住常客的姓氏，热情、自然、正确地称呼客人，会让客人感到温暖而亲切。

（1）对男性客人可称“先生”，在知道客人的姓名时，最好称“XX 先生”。

（2）对年轻的女性客人可称“小姐”；对已婚的女性客人可称“夫人”；对不知道已婚还是未婚的女性客人，可称“女士”。

（3）对有学位或职称的客人可称学位或职称，如“教授”。

（4）称呼第三者时不宜使用“她”或者“他”，而要称“这位先生”或“这位女士”。

（5）在与客人的交谈过程中，应该多次使用对客人的尊称。

（三）得体的服务语言与态度

服务人员与客人交谈时要自然，语言表达要得体，使用合乎礼仪的规范礼貌用语，要充满自信。态度要和气，内容一般不要涉及不愉快的事情，避免使人为难的话题，避免争执争吵。在交谈中，要眼神交汇，带着真诚的微笑，微笑能增加感染力。

（四）语气语调亲切自然

与客人交谈时要注意音量、语速、语调，如表 4-12 所示。

表 4-12　音量、语速、语调要求

音量适度	餐厅服务员讲话时声音不宜过高，音量大到让人听清即可。有些服务人员在公共场合，不管不顾大声讲话；有些服务人员又喜欢凑到客人耳边小声说话，这些都是不合乎礼貌礼仪的
讲话速度快慢适中	餐厅服务员讲话时要依据实际情况的需要调整语速，讲话速度最好不要过快，要尽量做到平稳中速。在特定场合下，可以通过改变语速来引起客人的注意，加强表达的效果
语调柔和	语调亲切自然，语气谦恭。既不要嗲声嗲气、矫揉造作，又不要生硬蛮横

二、交谈礼仪的注意事项

与客人谈话时，要注意谈论的话题、个人的仪态等方面。

（1）与客人谈话，一般只谈与服务工作有关的事情，不宜向客人询问或者避免询问有关客人隐私的问题，如客人的年龄、薪水、婚姻状况等。

（2）与客人谈话时，应保持站立姿势，注意倾听对方的发言，不要随便插嘴。对客人的话如果没有听清楚，可以请客人复述一遍，但不能有急躁或厌烦的表情。

（3）与客人交谈时，应面对客人。在客人面前不可有不文雅的举动，如挠头抓耳等。

（4）同客人谈话时，应注意自己服务人员的身份，讲话要有分寸，称赞客人要得体，应做到谦虚有礼。

（5）与客人谈话时，应本着实事求是的原则，不要随便答复自己不确定的事情，对在自己服务范围以外的事情，不要轻易许诺客人。

（6）客人之间进行交谈时，服务员不可驻足旁听。如有事需与客人联系，则应先打招呼，并表示歉意。

案例讨论

某餐厅内，一位老太太和家人正其乐融融地用餐。一道又一道色香味俱全的菜品端上桌面，客人们特别满意。服务员小夏看到老太太的碗空了，想到要对老人特别地关注照顾，于是她走到老太太身边屈身轻声询问："请问您还要饭吗？"老太太一听，脸色变得深沉。服务员小夏以为老太太年纪大了听力不好，于是提升音量问："请问您还要饭吗？"由于服务员的声音过大，邻桌的客人投来异样的眼光。这时，老太太怒气腾腾，生气地回答："小姐，我今年虽然 75 岁了，但是我儿孙满堂，吃穿不愁，还没沦落到要饭的地步！"最终，老太太的家人向餐厅经理投诉。服务员小夏的细心观察与热心服务却换来了投诉，小夏感到很委屈，但是同时也意识到与客人交谈需要一定的技巧。

讨论：服务员小夏的做法为何引得客人不满呢？服务员小夏与客人交谈时应注意什么？如何才能做到服务语言和态度得体大方？

常规性称呼有哪些

在日常生活、工作和交际场合，常规性称呼大体上有以下五种。

第一，行政职务。它是在较为正式的官方活动，如政府活动、公司活动、学术活动等活动中使用的。如"李局长""王总经理""刘董事长"等。

第二，技术职称。如"李总工程师""王会计师"等。称技术职称，说明被称呼者是该领域内的权威人士或专家。

第三，学术头衔。这跟技术职称不完全一样，这类称呼实际上是表示被称呼者在专业技术方面有很高的造诣。

第四，行业称呼。如“解放军同志”“警察先生”“护士小姐”等。在不知道客人职务、职称等具体情况时可采用行业称呼。

第五，泛尊称。它是指对社会各界人士在较为广泛的社交面中都可以使用的表示尊重的称呼。比如“小姐”“夫人”“先生”“同志”等。在不知道对方姓名及其他情况（如职务、职称、行业）时可采用泛尊称。

任务三　餐饮服务中常用的礼貌用语

任务描述

懂礼节、讲礼貌，是成为一个优秀服务员的基本条件之一。一个人的礼貌程度，主要表现在语言、态度和动作上。服务人员的语言不仅会影响客人的情绪，而且直接反映出酒店餐饮部的管理水平。为了提高服务质量，向客人提供规范化服务，我们应注意使用礼貌服务用语。

任务目标

通过本任务的知识学习和案例讨论，学生能够掌握餐饮服务中常用的礼貌用语。

任务准备

一、礼貌用语的基本要求

（1）说话要用尊称，态度平和。

（2）说话要文雅、明确。

（3）说话要婉转热情。

（4）说话要讲究语言艺术，力求语言优美、婉转悦耳。

（5）与宾客讲话要注意举止、表情。

二、“七声”“十字”礼貌用语

礼貌用语要做到“七声”“十字”，“七声”即问候声、征询声、感谢声、道歉声、应答声、祝福声、送别声，如表 4-13 所示。“十字”即您好、请、谢谢、对不起、再见。

表 4–13　七声

七　声	示　例
问候声	“先生（小姐）您好！欢迎光临。”
	“请问先生（小姐）有预订吗？”
	“请这边走。”
	“欢迎您来 ×× 餐厅用餐。”
征询声	“请问先生（小姐），现在可以点菜了吗？”
	“请问先生（小姐），现在可以上菜了吗？”
	“请问先生（小姐），还需要点什么？”
	“您觉得满意吗？”
	“现在可以为您结账吗？”
感谢声	“谢谢您的提醒。”
	“谢谢您的帮助。”
	“感谢您的意见，我们一定改正。”
	“谢谢您的光临。”
	“谢谢您的鼓励，我们会继续努力的。”
	“谢谢您的好意，我们是不收小费的。”
道歉声	“真抱歉，这个菜需要时间，请您多等一会儿好吗？”
	“对不起，我把您的菜上错了。”
	“对不起，请稍等，马上就好！”
	“对不起，打扰一下。”
	“真是抱歉，耽误了您很长时间。”
	“对不起，让您久等了。”
应答声	“好的，我会通知厨房，按您的要求去做。”
	“是的，我是餐厅服务员，非常乐意为您服务。”
	“好的，我马上就去。”
	“没关系，这是小事！很乐意为您效劳！”
	“好的，我明白了。”
祝福声	“祝您用餐愉快。”
	“祝您生日快乐。”
	“祝您新婚愉快。”
	“新年好。”“新年快乐。”“节日快乐。”

续表

七　声	示　例
送别声	“先生（小姐）慢走，欢迎下次光临。”
	“请慢走。”“请走好。”
	“先生（小姐）再见。”

案例讨论

王先生听说某餐厅的招牌菜分量大味道又特别好，因此约了朋友一起过来吃。看着富丽堂皇的餐厅、端庄美丽的服务小姐，王先生心情甚好。服务员小岚提醒客人，招牌菜烹饪的时间较长，建议点一下其他的菜式先吃着。王先生本来就是为了吃招牌菜而来的，因此只点了一个菜式。服务员小岚心里不太高兴，觉得王先生是个抠门人。王先生满怀期待地等了 20 分钟，菜还是没上，肚子已经饿得咕咕叫了，于是向小岚催菜。小岚不耐烦地说：“不是跟你说了吗，这个菜要等很久的！”王先生听到这样的回答，顿时火冒三丈。这时，餐厅经理走过来，对王先生说：“对不起，耽误了您很长时间，非常感谢您对我们菜品的喜爱，这个菜需要时间，请您多等一会儿好吗？谢谢您的支持！”王先生的态度变得平和，表示愿意等待。

讨论：为什么王先生对服务员小岚和经理的处理方式态度截然不同？

拓展延伸

中国的饮食文化

中国是礼仪之邦，饮食文化源远流长。

第一，尊重。在中国的餐桌上非常注重尊重和孝道：对长者、贵客通常都要做到谦虚、礼让，往往会把好菜优先让长辈或尊者品尝。

第二，座次。一般来说，中国人用餐多以圆桌为主，座次顺序颇有讲究：一般面朝门正中的位置为主人，主人的右手边为主宾。用餐时每上一道菜先转到主人或者主宾的位置，请他们优先品尝。

第三，点菜。点菜一般由一人负责，有时也可多人参与。点菜的种类一般包括炒菜、炖菜、汤菜，注重菜肴烹饪方法的多样性，冷热相配、荤素相搭，以菜肴满桌表示待客的真诚和热情。

用餐过程中大家有说有笑，气氛热烈，充满乐趣！

项目三　餐饮服务人员的接待礼仪

情景导入

服务员小雨是餐厅的月度优秀员工，是餐厅的领位员。一个炎热的中午，餐厅客人特别多，小雨刚带一批客人入座回来，就看到一位端庄典雅的女士走了进来。

小雨马上微笑迎接。女士要求既安静又靠窗的位置，但是此时既安静又靠窗的位置已经满座了，因此小雨欲将客人引领到其他安静的位置去。

“不不不，我喜欢坐在靠窗的位置，这样可以享受美食和风景。”女士指着窗口的位置说道。

“请您先在这里坐，等有靠窗的空位我再请您过去，您看可以吗？”小雨微笑地征求女士的意见。

在征得客人的同意后，小雨对该餐区的服务员交代了几句才离开。当小雨得知有靠近窗口的位置时，马上邀请女士换位置。但是女士觉得现在的位置也很好，靠窗的位置阳光照进来，比较热，并对小雨表示感谢。

1. 请从该案例领位员服务的过程中，分析领位服务应具体做哪些工作。
2. 思考迎送服务需要注意什么。

任务一　迎送服务礼仪

任务描述

小王是餐厅的优秀员工，明天餐厅有个 VVIP 客人要来就餐，餐厅经理要求小王对该 VVIP 客人提供管家式服务，以体现餐厅对该客人的热情以及重视。小王在迎宾服务礼仪和送宾服务礼仪中要注意哪些方面呢？

任务目标

通过本任务的知识学习、技能学习和任务实训，学生能够准确地掌握迎宾送客礼仪。

任务准备

一、迎宾服务礼仪

迎宾服务要做到到岗准时、仪态得体、面带微笑并主动迎接客人、核对客人预订，如图 4–6 所示。每个流程都有具体的操作标准，如表 4–14 所示。

到岗准时　仪态得体　微笑迎宾　核对预订

图 4–6　迎宾服务流程图

表 4–14　迎宾服务操作标准

流　程	操作标准
到岗准时	在开餐前 5 分钟，迎宾员站立在餐厅门口的两侧，迎候客人的到来
仪态得体	迎宾员按规定着装，仪容仪表端庄大方，立于指定位置，站姿优雅，必须保持抬头、收腹、肩平，面带微笑，目视前方，精神饱满地迎接客人的到来。不得交头接耳，不得倚靠门或其他物体，站位要整齐美观
微笑迎宾	当客人到达迎宾区域时，迎宾员应主动上前，面带微笑向客人行鞠躬礼，并热情地向客人问好和表示欢迎
核对预订	询问客人是否有预订，在询问时要注意礼貌用语，如“请问先生您有预订吗”，如果客人已预订，迎宾员应迅速找到预订的记录，查找已经为客人准备好的餐位，热情地将客人引领到预留的餐桌。如果客人没有预订，迎宾员应礼貌地将客人引领至其他合适位置的餐桌

二、送客服务礼仪

（一）协助客人离座并道别

客人起身离座，服务人员要主动上前为客人拉椅，提醒客人带齐随身物品。

（二）礼送客人

迎宾员面带微笑向客人行鞠躬礼，致谢并与客人告别：“谢谢您的光临，请慢走！欢迎下次光临！”

（三）服务要个性化

如客人需要，可将客人引领出餐厅并为客人按电梯，微笑目送客人离开。

任务实训

技能训练：迎宾送客服务。

训练方法：情景模拟法。

（1）分小组设计情景对话。

情景一：王先生带着五位朋友从电梯出来并向尚趣餐厅走来，迎宾员马上进入准备迎宾状态。

情景二：用餐结束，王先生准备带朋友离开餐厅。

（2）每个小组派代表演示，一人饰演迎宾员，两人饰演客人。

（3）学生转换身份，互换角色进行训练。

任务评价

考核内容	考核要点	考核情况			有关问题记录
		优秀	合格	不合格	
迎宾服务礼仪	1. 仪态规范 2. 表情到位 3. 交谈语言礼貌、准确				
送客服务礼仪	1. 协助客人离座并道别，注意提醒、动作、语言 2. 送客人时注意表情、语言 3. 要个性化服务				

拓展延伸

古人见面之礼

人们日常见面既要态度热情，也要彬彬有礼。与不同身份的人相见，也有一定的规矩。比如一般性的打招呼，常行拱手礼。拱手礼是最普通的见面礼仪，方式是双手合抱（一般是右手握拳在内，左手加于右手之上）举至胸前，立而不俯，表示一般性的客套。如果到别人家做客，在进门与落座时，主客相互客气行礼谦让，这时行的是作揖之礼，称为“揖让”。作揖同样是两手抱拳，拱起再按下去，同时低头，上身略向前屈。作揖礼在日常生活中为常见礼仪，除了上述社交场合外，向人致谢、祝贺、道歉及托人办事等也常行作揖礼。身份高的人对身份低者的回礼也常行作揖礼。古人通过程式化的礼仪，以自谦的方式表达对他人的敬意。

任务二　引座礼仪

任务描述

星期一中午，餐厅客人较少，这时来了位八旬老太太，拄着拐杖，行动迟缓。请问服务员该如何引座？

任务目标

通过本任务的知识学习、技能学习，学生能够掌握餐厅引座的规范与技巧。

任务准备

一、引领入座的规范

引领客人入座时要牢记以右为尊的原则，迎宾员应走在客人左前方一米左右处，目的是为客人指引方向，并对客人招呼："这边请！"同时伴以手势，手势要求规范适度。给客人指引方向时，应将手臂自然弯曲，手指并拢。

迎宾员走路速度不要太快，在引领过程中不时回头面带微笑示意客人。

二、引座的技巧

迎宾员可以将先到餐厅的客人安排在靠窗口或靠门口区域，使窗外门外的行人看到觉得餐厅气氛热烈，以招来更多客人。

（1）来就餐的情侣适合安排在风景优美、安静的角落，这些空间比较有情调而不被打扰。

（2）老年人来用餐时，应尽量安排在靠入口较近、出入方便的位置；对于有明显的生理残缺的客人，要安排在入座后能挡住其不便的位置。

（3）在有小朋友的情况下，应为小朋友准备儿童椅，以保证其安全。

（4）当有客人带宠物一起进餐时，委婉地告诉客人"宠物不能进入餐厅"，以保证大家的食品安全卫生。

（5）当餐厅客满时，应礼貌安排客人在休息区等候。

三、拉椅入座

到达客人的座位时，迎宾员按照入座礼仪规范为客人拉椅入座，迎宾员用双手将椅子平稳拉出，并微笑着用手势示意客人就座。如果有多位客人就餐，应首先照顾年老者或者女士入座。离开时，记得对客人说："祝大家用餐愉快！"

案例讨论

早上6:30，某酒店餐厅用餐客人寥寥无几。一位男士到餐厅吃早餐，该客人右手提着电脑包，左手拿着文件，打算利用早餐时间处理公事。迎宾员小何将客人的装束尽收眼底，灵机一动，热情微笑着将客人带到D区就餐。上午9:30，该客人离开时，向餐厅经理表扬了小何，表示对餐厅的服务非常满意。原来7:00过后餐厅客人会很多，A、B、C用餐区声音较嘈杂，D区离取餐区较远，很少客人选择入座。而小何通过对客人的观察，知道客人需要安静的环境办公，特意为客人挑了一个安静的位置。

讨论：你知道为什么客人对此次服务非常满意吗？

拓展延伸

古人入座之礼

传统社会礼仪秩序井然，座席亦有主次尊卑之分，尊者上坐，卑者末坐。身份不同决定了位置不同，如果盲目坐错席位，不仅主人不高兴，自己事后也会为失礼之事追悔莫及。室内座次以东向为尊，即贵客坐西席上，主人一般在东席上作陪。年长者可安排在南向的位置，即北席。陪酒的晚辈一般在北向的位置，即南席。入座的规矩是，饮食时身体尽量靠近食案，非饮食时，身体尽量靠后，所谓“虚坐尽后，食坐尽前”。有贵客光临，应该立刻起身致意。

任务三　递物礼仪

任务描述

中午，立春中餐厅座无虚席，2 号桌客人陈女士需要一把剪刀，服务员马丽迅速地到前台替客人拿来一把剪刀。服务员马丽应该如何为客人递上剪刀呢？

任务目标

通过本任务的知识学习、技能学习和任务实训，学生能够掌握递送不同物品的方法。

任务准备

一、递物原则

在餐饮部的工作中，服务人员常常需要为客人递送物品，在递送物品的过程中需要注意以下几个事项：

（一）尊重对方

递物时，服务人员应该面带微笑，直视客人，与客人进行眼神交流。递物时，还应加上一声符合当时情境的礼貌用语。

（二）双手递物

一般情况下，递接物品时，应该用双手。在特殊情况下，无法使用双手递接物品时，应该使用右手递接，用左手被认为是失礼的行为。

（三）主动递物

当与客人距离较远时，服务人员应该主动起身将物品递给客人，而且要直接交到客人手中，不要随手就将物品放置于其他地方。

二、不同物品递接的方法

餐厅服务员为客人递接的物品不同，递接的方法也有差异，如表 4-15 所示。

表 4-15　不同物品递接的方法

接递物品	递接方法
递接较锋利的器具	递笔、刀具、剪刀之类尖利、易于伤人的物品给客人时，需将尖端朝向自己握在手中，同时还应该提醒对方“您小心点！”；或者是将尖端朝向其他地方，千万不能朝向客人，如果朝向客人，则被认为是非常失礼的行为
递菜单	在餐厅服务中，服务人员递菜单时应站立在客人座位的左侧，面带微笑、双手递上。一般先将菜单递给女客人或长者，应使文字正面朝着客人，不可倒置
递接酒水、茶水	如果是招待客人用茶，往往一手握茶杯把儿或扶杯壁，一手托杯底，并说声“请用茶”，若茶水较烫，可将茶杯放到客人面前的茶几上；如果是递送酒水、饮料，应将商标朝向客人，左手托底，右手握在距离瓶口 1/3 处
递取衣帽	当客人进入餐厅，服务人员应主动接下客人的衣帽，并按顺序挂到衣帽架上。注意勿将衣服倒提，以防衣袋内的物品掉落。贵重衣服要用衣架挂好，以防衣服产生褶皱

任务实训

技能训练：递接物品服务。

训练方法：情景模拟法。

（1）分小组设计情景对话。

今天中午，西餐厅来了三位客人：一位女士，一位男性长者，一位男青年。请你为该桌的客人递上本餐厅的菜单。

（2）每个小组派代表演示，一人饰演服务员，多人饰演客人。

（3）学生转换身份，互换角色进行训练。

任务评价

考核内容	考核要点	考核情况			有关问题记录
		优秀	合格	不合格	
递物原则	是否做到尊重客人、双手递物、主动递物				
递物的方法	递菜单的表情、顺序以及站立位置				

拓展延伸

递接名片礼仪

递送名片时起立或欠身，面带微笑注视对方，双臂自然伸出，用双手的拇指和食指分别持握名片上端的两角送给对方，名片正面朝上，文字内容正对对方，可顺带说一句“您好，请多多关照”。

接名片时要用双手，并认真看一遍名片上的内容。如果接下来与对方谈话，不要将名片收起来，应该放在桌子上，并保证名片不被其他东西压住，使对方感觉到你对他的重视。

递送名片的顺序：地位较低的先向地位高的人递名片；男士先向女士递名片；当对方不止一人时，应先将名片递给职务高者或年龄长者，如分不清职务高低、年龄大小，宜先和自己左侧的人交换名片，然后按顺时针进行。

项目四　客户异议处理

情景导入

一天中午，餐厅里来了三位衣着朴素的男士，其中张先生是为了给他两位远道而来的朋友接风。服务员小莉很热情地接待他们。他们点了餐厅的招牌菜，又点了一瓶价格昂贵的白酒。三位先生饭后聊得很起劲，最后边聊边起身向门外走去。小莉眼看着自己负责的客人就要离开了，一着急就大声喊住客人："先生，您先别走，您还没埋单呢。"全餐厅的客人目光都集中在三位先生身上，张先生非常生气地说："你是觉得我要吃霸王餐吗？叫你们经理来，我要投诉你！"张先生说完，直接走到收银台，拿出一沓钞票拍在桌子上。

1. 如果你是服务员小莉，遇到这种情况该怎么做？
2. 如果你是餐厅经理，客人投诉，你要怎么解决？

任务一　餐厅投诉处理

任务描述

服务行业不可避免地会出现客人投诉事件，投诉处理不当会导致客人流失。因此，优秀的服务员必须具备处理客人投诉的能力，让"不满"转为"满意"。你知道如何处理客人投诉吗？

任务目标

通过本任务的学习，学生了解客人投诉的原因、心理，掌握处理客人投诉的原则和步骤。

任务准备

一、投诉的原因

（1）客人情绪不佳导致的投诉。例如，心情烦躁。

（2）客人对产品不满导致的投诉。例如，菜品口味与客人所期待的不一致。

（3）客人对服务人员态度不满导致投诉。

（4）客人对餐厅设施设备不满导致投诉。

（5）客人对酒店的误解导致投诉。例如，对优惠活动理解不一。

（6）法律责任。例如，在餐厅丢东西、意外受伤等。

二、客人投诉心理

客人心理需求不同，要具体问题具体分析，正确判断客人的心理。

（一）求尊重的心理

客人投诉是为了让餐厅认同他的看法，觉得他是对的，并且希望餐厅能够尊重自己，向自己道歉，采取补救措施。

（二）求发泄的心理

客人是为了把心中的怒火发泄出来，以求得心理平衡。

（三）求补偿的心理

客人希望通过投诉这个途径得到一定的补偿，挽回自己的损失。这是最普遍的投诉心理。

三、投诉处理的原则

处理投诉要遵循七大原则，具体如图 4–7 所示。

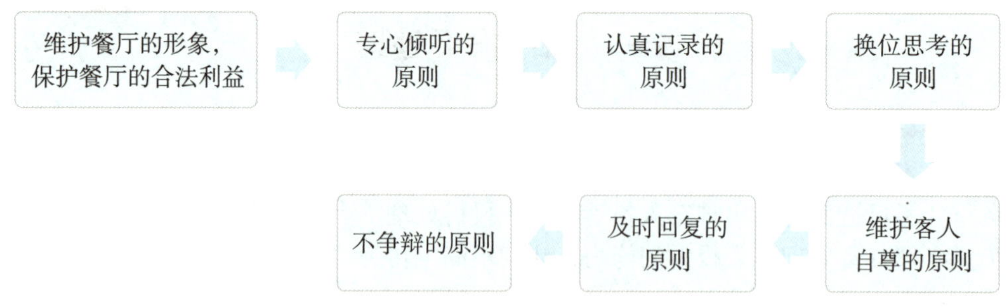

图 4–7　处理投诉的原则

（一）维护餐厅的形象，保护餐厅的合法利益

在解决投诉的过程中，一定要注意维护餐厅的形象，将损失减到最小。

（二）专心倾听的原则

面对客人的投诉，漠视或者争辩都是不可取的。认真倾听客人的心声，既可以了解整个事情的经过，又可以让客人把心中的怒火发泄出来，从而使客人的怒火得到平息，一举两得。

（三）认真记录的原则

在倾听的同时要详细记录客人说的内容，比如，事件的起因和经过，这有利于判断客人是何种投诉心理、投诉的关键点在哪里，并判断客人倾向于何种解决方法。

（四）换位思考的原则

对于客人的投诉，要做到换位思考，即站在客人的角度思考问题，理解客人，比如“如果遇到这种情况，我会怎么办”。换位思考是为了达到共赢，不等于放弃自己的利益。

（五）维护客人自尊的原则

在处理客人投诉的过程中，要让客人有台阶可下。要做到“对事不对人”，就事论事，切忌有辱客人的人格尊严，应创造和谐的氛围，为后期协调做铺垫。

（六）及时回复的原则

及时回复客人的投诉，表明对客人的投诉是足够重视的。对于现场投诉，应当场回复；对于后期的投诉，要告诉客人明确的回复时间。

（七）不争辩的原则

面对客人的投诉，不要与之争论，始终保持镇定。可以使用“我完全理解你的感受……”之类的语句。要记住：客人不是我们斗智斗勇的对象，而是我们的收入来源。

四、处理投诉的步骤

处理客人投诉是有步骤可循的，并且是循序渐进的，如图 4-8 所示。每一个步骤都有具体的操作标准，如表 4-16 所示。

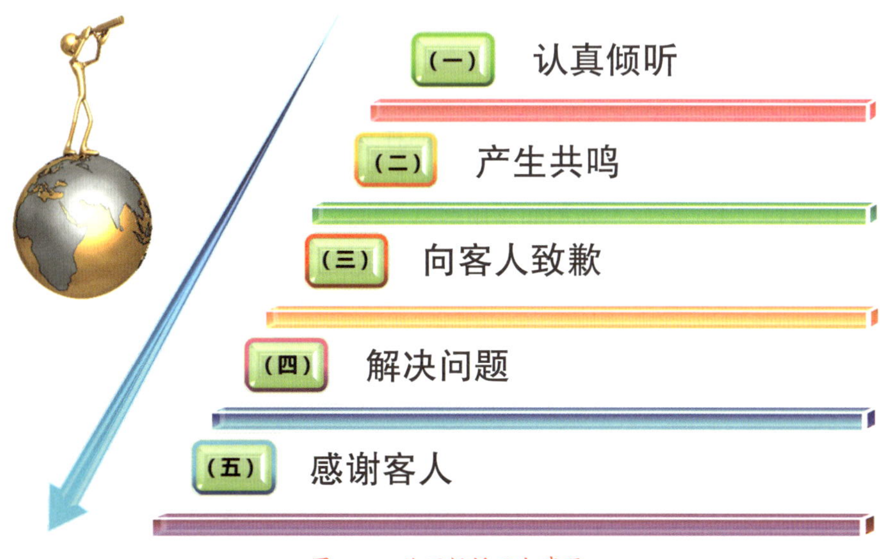

图 4-8　处理投诉五大步骤

表 4-16　处理投诉五大步骤的具体操作标准

操作流程	操作标准
认真倾听（Hear）	（1）主动倾听客人投诉的内容，了解事情的起因、经过、投诉关键点，揣摩客人的投诉心理，领悟客人投诉的动机 （2）在讨论过程中主动倾听，并保持眼神交流 （3）通过身体前倾、点头示意和记录笔记等动作表明你对客人所谈内容的重视程度 （4）不要打断客人讲话，耐心等待客人结束自己的谈话，倾诉有利于客人将心中的怒火发泄出来
产生共鸣（Express Sympathy）	（1）尽量使用客人的姓名，拉近与客人的距离 （2）语音语调非常重要，保持亲切平和的语调 （3）应真心实意地表达出自己的感同身受。使用“这真让人泄气”或者“我理解这会让您多么不舒服”之类的措辞，让客人觉得我们在为他们着想
向客人致歉（Apologize）	（1）应真诚地向客人表示歉意 （2）使用“我很抱歉发生了这种情况”“我对此表示万分歉意”之类的措辞 （3）向客人道歉不代表我们有错，而是为我们给客人带来不愉快的感受而表示歉意。巧妙的道歉有利于解决问题
解决问题（Resolve）	处理投诉最关键的一步就是解决问题，客人投诉最直接的目的是希望问题能够解决。所以根据前三步了解到的信息，我们为客人提供解决方案 （1）提供解决方案。站在酒店的角度和客人的角度思考，提出的解决方案要合理 （2）询问客人是否愿意接受解决方案。如果愿意，即根据解决方案行事；如果不愿意，则提供另一种代替方案
感谢客人（Thank）	（1）向客人保证如有必要，你会继续跟进此事，尽量使客人满意、放心 （2）真诚感谢客人将相关情况告知你，并让我们有机会在他们离开之前及时加以弥补

五大步骤英文单词的首字母归结起来就是“HEART”，即用心为客人解决问题。每解决一个投诉案例，都要将其归档。

案例讨论

某自助西餐厅最近推出海鲜自助餐，海鲜品种丰富，而且价格非常实在。很多海鲜爱好者都慕名而来。这天，来了一对中年夫妇，他们超级喜欢吃海鲜，而且对海鲜的品尝有独到见解。用餐到一半的时候，他们叫来服务员，投诉餐厅提供的海鲜不新鲜。

讨论：如果你是该餐厅的服务员，你认为造成客人投诉的原因有哪些？客人此刻是哪种投诉心理？你要如何处理该投诉事件？

拓展延伸

感恩券

山东某国际酒店独创了一种特殊的代金券，叫作感恩券，每张面值 48 元，可以抵现金使用，专门赠予给酒店提意见或建议的顾客，此举的意义就是“一切以顾客满意为原则，把投诉的顾客变成忠诚顾客”。

任务二　餐厅服务中常见问题的处理方法

任务描述

餐厅每日接待不可计数的客人，每个客人的生活习惯、习俗都不一样，在就餐前、用餐过程中以及用餐后的服务中不可避免地会出现一些问题。

任务目标

让学生掌握餐厅服务中常见问题的处理方法，在遇到问题时能够冷静地解决，成为一名优秀的服务人员。

任务准备

一、培养处理餐厅常见问题的能力

（一）时刻保持高度的防范意识

要时刻保持警惕，避免不必要的事件发生，正确应对不可避免的突发事件。

（二）练就稳定自信的心态

服务人员要做好随时都可能遇到突发事件的心理准备，若遇到这样的事情，要保持镇定自若，按照岗前培训的方法有条不紊地解决问题。

（三）培养独当一面的能力

餐厅每天都会接待各种各样、性格各异的客人，餐厅服务员要学会灵活应变，视具体情况解决问题。

二、餐厅中常见问题及处理方法

（一）处理就餐前服务中的问题

就餐前的服务是客人享受服务的开始，订餐、领位、选座等都有可能引起客人不满。要正确掌握就餐前服务中的常见问题及处理方法，如表 4–17 所示。

表 4-17　就餐前服务中的常见问题及处理方法

常见问题	处理方法
预订服务中的问题	订餐和订位是餐厅日常经营不可缺少的一项服务。但是在预订过程中可能会遇到同个单位的重复预订信息、服务人员忘了录入预订信息，或者由于预订和用餐日期相差太远导致无法提供菜肴等情况 1. 服务人员在接受预订的过程中，一定要细心做好记录。如果是单位预订，一定要问清单位名称、预订人员，以防重复预订 2. 服务人员接收到预订信息时，要及时录入系统，防止同一座位被重复预订，最后客人到店时因无座位而投诉 3. 当客人事先预订的菜肴在客人用餐当天无法提供时，切记不要擅自帮客人更换菜肴，应咨询客人的意见后妥善解决
领位服务中的问题	领位过程礼仪错误令客人产生不满时，服务人员要及时更正，并向客人致歉，使用正确的手势，四指并拢，不要用食指指着客人
客人对于选座不满的问题	有的客人偏爱靠窗光线好的位置，有的客人喜欢安静的位置，对于客人的要求要尽可能满足。当餐厅客人较多没有多余的位置时，一定要耐心跟客人解释。若是客人觉得邻座较吵时，尽量安排客人到安静的地方或者包房，或者委婉提醒邻座的客人声音小些

（二）处理用餐过程中的服务问题

用餐过程中常出现的问题有餐厅设施设备问题、菜品问题、服务出错等，服务员要掌握正确的处理方法，如表 4-18 所示。

表 4-18　用餐服务中的常见问题及处理方法

常见问题	处理方法
突然停电	1. 稳定用餐场面 （1）服务人员自身要保持镇静，告诉客人不要惊慌 （2）马上开启应急方案，包括开启应急灯，或者为客人点上备用蜡烛 （3）告知客人最好不要离开自己的位置，以免被绊倒，并保管好随身物品 2. 了解停电的原因 （1）马上打电话了解停电的原因，向客人说明，并致歉 （2）若电力暂时不能恢复，则在门口婉拒要来用餐的客人，继续为在进餐的客人服务 3. 服务人员要留意即将用餐完毕的客人，以免客人走单
菜品里出现异物	1. 诚恳地向客人表达歉意 2. 马上帮客人更换 3. 报告餐厅主管，由餐厅主管出面解决 4. 如果客人有过分的要求，要灵活解决
服务出错	服务人员在点菜时没有复述客人所点的菜单就有可能造成下错单，在了解清楚情况并确认属实后应向客人致歉。为了避免餐厅的损失，服务人员可以试着向客人推荐这道菜。如果客人接受，服务人员要向客人表示感谢；如果客人想要原来点的菜，应帮客人重新点，不可与客人争辩

续表

常见问题	处理方法
客人认为菜品不熟	客人认为菜品不熟通常有两个原因：一是客人不了解这道菜的吃法；二是厨师烹饪火候不够 1. 首先了解判断客人认为菜品不熟的原因 2. 若是菜品的做法本是如此，先向客人致歉，再委婉地向客人介绍该菜的风味特色及吃法，看似火候不够，实际上正是口感最佳的时候。如果客人执意要加工，则拿回厨房继续加工 3. 若是厨师烹饪火候不够，向客人致歉，立即退回厨房，并向厨师说明原因，需要重做还是继续加工，由厨师决定
上菜过程中弄脏客人衣物	1. 向客人道歉 （1）服务人员应立即诚恳地向客人致歉 （2）如果脏污比较严重，餐厅主管要出面向客人表示歉意 2. 为客人擦拭衣物 （1）马上找来湿毛巾，经客人同意后为客人擦拭衣物 （2）注意女客人要由女服务员来擦拭，擦拭时姿态礼仪要得体 3. 为客人提供洗涤 （1）如果衣物污染的面积较大，服务人员经主管同意后，向客人主动提出为其免费洗涤的建议 （2）将客人带到无人的包房，将干净的衣物给客人换上，请客人继续用餐 （3）在客人用完餐之前将衣物送还，并再一次向客人表达歉意

（三）处理用餐后服务中的问题

用餐后常出现客人欲走单、客人要求打折、客人投诉等问题，服务员要掌握正确的处理方法，如表 4–19 所示。

表 4–19　用餐后服务中的常见问题及处理方法

常见问题	处理方法
客人欲走单	1. 留意即将用完餐的客人，当客人要走时，立即迎上去，委婉提示客人，不能明显指出客人要走单的意图，以免得罪客人 2. 尽量把客人要走单的错误揽下来，比如“对不起，刚才忘记给您结账了”“先生，您是要埋单吗？这边请”“先生，您是要去洗手间吗？我带您去”。通过说是服务人员忘记给客人结账等方式委婉告诉客人他还没有结账，既没有让客人难堪，又可以避免餐厅损失 3. 如果当面指责客人，客人可能会恼羞成怒，即使客人埋了单，也可能会给餐厅造成负面影响，并失去回头客
结账时客人要求打折	1. 根据餐厅规定，判断客人的打折要求是否合理，若客人是相关单位的人或者管理人员的亲属，应让客人稍等，立即请示主管 2. 若客人拿出打折卡，应立即给客人打折 3. 若客人只是为了占小便宜而提出打折，应委婉拒绝，向客人解释优惠项目，转移话题 4. 若客人态度强硬，服务人员不可自作主张，应立即向主管请示
客人用餐后投诉	1. 服务人员要向上级汇报 2. 了解情况后，向客人表达歉意，赠送客人饮料、水果拼盘或者打折券来弥补餐厅过失 3. 感谢客人的投诉，并向客人表示下次一定会加以注意

你们刚才点的就是这道菜

有一天，李先生在酒店的中餐厅请公司的重要客户吃饭，其中一位客户点了一道“黄烧大鲍翅”，但是服务员没听清楚，最后写成了“红烧大鲍翅”，服务员点完菜也没有及时复述。当菜上桌后，李先生立即告知服务员上错菜了。但服务员坚持客人点的就是“红烧大鲍翅”，服务员心里明白，自己点菜时走神导致写错菜名，但她害怕承担责任。最后客人要求经理出面解决问题。

经理走过来后说：“不好意思，你们刚才点的就是这道菜。我们店服务员都是经过严格考核和培训的，在客人点菜时会如实地记下每一道菜名，不会写错。”大家本以为这位经理会过来赔礼道歉，把菜给换了，但没想到他居然会说出这种话！客人愤怒地拂袖而起，说道：“好吧，请你赶快给我们结账吧！以后再也不到这种餐厅来吃饭了！”

讨论：服务员和经理有哪些地方做得不对？遇到这种情况，我们该怎么处理？

如何为带小孩的客人服务

网络上曾流传一个视频：两位大人带着一个小孩在某火锅店吃饭，孩子坐在靠走道的位置上。服务员端着滚烫的锅底路过时，突然脚底打滑，将一锅热汤直接扑洒向座位上的小孩，导致小孩整个胸部被滚烫的汤水烫伤。

小朋友是家里的宝贝，天性活泼、调皮，如何做好对小朋友的服务，是每个服务员必须掌握的技能。

（1）首先把带小孩的客人安排到餐厅的一侧，避免影响他人，并注意不要把孩子安排到过道上。根据需要，为孩子加高座位或者提供宝宝椅。

（2）在点菜时，要关注孩子，向父母推荐孩子比较喜欢的菜品，如小吃、甜食等。

（3）先上孩子的菜品，并尽量减少所用餐具，如果餐厅有宝宝餐具，应向客人提供。

（4）上菜时不从孩子的一侧上。

（5）当孩子吃完后，服务员可将孩子领到一边照看，使大人能安心就餐，同时切记不得给孩子乱吃东西。

管理篇

1. 熟悉餐厅物品、人员管理的基本知识。
2. 掌握餐饮服务质量管理的基本知识。

项目一　物品管理

情景导入

小琪是第一天上班的实习生，她在领班的带领下参观餐厅的各个区域，当踏进餐具间的时候，她被各式各样的餐具用品给惊呆了，心里想：这么多的餐具，怎么用呢？怎么保管呢？

管理人员及一线员工如何对餐饮物品进行更好的管理呢？

任务一　餐具识别

餐厅在日常经营中使用大量餐具和餐饮设施，合理管理这些物品和设施是保持饮食卫生、减少耗损、提高工作效率的重要条件。

任务描述

上班第一天，领班带领小琪实地参观备餐间，向她详细讲解餐厅常见的餐具和服务用品，告知小琪餐具种类的划分，并介绍了它们的用途及保养要求。

任务目标

熟悉餐厅物品的分类；知道各类物品的用途及保养要求；能够识别餐用具及餐用设备物品。

任务准备

餐厅用具种类繁多，主要有金属餐用具、陶瓷餐用具、玻璃餐用具等。

每种餐用具都有自己的特殊用途和保养要求，如表 5–1 所示。

表 5–1　常见餐具、用具列表

序号	种类	细类名称	用　途	保养要求
1	金属餐用具	餐刀：头盘刀、鱼刀、正餐刀、牛排刀、黄油刀、甜品刀等	切割、涂抹等	（1）贵重餐用具由专人负责，分类造册，每天清点，贵重餐具和大型宴会银器的领用、归还有严格的手续 （2）保持金属餐用具的清洁、光亮，轻拿轻放，分类存放 （3）用过的银器要洗净并擦亮，还要对银器进行定期的保养
		餐叉：头盘叉、鱼叉、正餐叉、海鲜叉、甜品叉等	叉取食物	
		餐匙：清汤匙、浓汤匙、甜品匙、咖啡匙、茶匙、冰激凌匙等	搅拌、喝汤、吃甜点等	
		专用餐具：龙虾钳、龙虾叉、龙虾签、蟹钳、蟹叉、蜗牛叉、牡蛎叉等	吃特定食物	
		服务用品：服务叉、服务匙、切肉刀、切肉叉、分汤勺、剔骨钢刀、蛋糕刀、蛋糕托、通心面夹、糕饼夹、冰桶、咖啡壶、保温锅、开瓶器、蜡烛台、大银盘等	提供菜点服务的用具	
2	陶瓷餐用具	中餐厅：骨碟、碗、汤匙、味碟、筷架、各式菜碟、汤盅、茶杯、茶壶等	进餐时的餐具	（1）按不同种类、规格、型号分别存放 （2）使用前要检查有无破损，如缺口、裂缝等 （3）及时清洗、消毒、存放，防止二次污染 （4）餐后收拾陶瓷餐具要大小分档、叠放有序，搬运时要装稳托平，防止碰撞打碎
		西餐厅：主菜盘、汤盘、汤盅、开胃品盘、甜点盘、面包盘、黄油碟、咖啡杯及碟、糖盅、盐瓶、胡椒瓶、各种特色菜盘等		
3	玻璃餐用具	红酒杯、白酒杯、洋酒杯、香槟杯、水杯等	不同酒水饮料搭配不同的杯子	（1）先用冷水浸泡，除去酒味后再洗涤消毒 （2）擦杯时用干净软布，力度适当，手不得直接接触杯身 （3）运送及取用时用托盘，不可叠放，握住杯柄或杯子的下半部 （4）摆台时仔细检查杯子的完好程度，保证客人安全
4	托盘	木质托盘、金属托盘、塑料托盘	运送各种物品	（1）托盘的选择要与所托载的物品大小、重量等相称 （2）托盘不使用时，放在指定的位置上，不可随处搁置 （3）要时刻保持托盘的清洁卫生 （4）营业结束后，托盘统一收齐交后勤清洗、消毒、保管 （5）根据托盘的不同材质定期进行保养

续表

序号	种类	细类名称	用　途	保养要求
5	布件	台布、装饰布、桌裙、餐巾、服务巾、托盘垫巾、椅套、窗帘等	台布、装饰布、桌裙用来装饰餐台 餐巾是客人用餐时的保洁方巾，也可装饰美化台面	布件应轮换使用 （1）按尺寸大小分类码放在相对固定的位置上，方便取用和清点 （2）使用过的台布要抖去残杂物后放在布件车内 （3）小布件送洗前或领回后要认真清点并填好有关表格 （4）不得用台布、餐巾等客用布件擦桌子、抹转台，不得用餐巾代替服务巾

任务实训

根据表 5-2 中所列任务完成以下实训工作。

表 5-2　实训工作

序　号	任　务	介绍其用途及清洁、保养要求
1	识别各类金属餐用具	
2	识别各类陶瓷餐用具	
3	识别各类玻璃餐用具	
4	识别各类布件	

任务评价

分小组进行餐用具识别比赛，由组长对组内成员进行评价。

考核内容	考核要点	考核情况			有关问题记录
		优秀	合格	不合格	
准备餐用具	1. 餐用具种类 2. 数量				
检查餐用具	1. 检查 2. 操作符合卫生要求				
识别餐用具	1. 餐用具名称 2. 餐用具用途及保养要求				
餐用具存放	存放与摆放				

任务二　餐厅设备

餐厅设备是餐饮生产及服务过程中必需的各种设备设施，是餐厅得以正常运转的物质基础。

任务描述

今天主管小琳负责带领实习生认识餐厅的设备设施，并向实习生详细讲解有关设备的名称、用途及保养要求。

任务目标

熟悉餐厅常见的设备名称；知道各类设备的用途及保养要求。

任务准备

餐厅设备是餐饮生产及服务过程中必需的各种设备设施，主要包括家具、各式服务车、电器设备等，如表 5–3 所示。

表 5–3 常见餐厅设备列表

种　类	细　类	保养要求
家　具	餐桌：4 人用（直径 120 厘米）、6 人用（直径 140 厘米）、8 人用（直径 160 厘米）、10 人用（直径 180 厘米）等规格	1. 经常检查其牢固程度，防止断裂、变形 2. 避免阳光暴晒，避免受潮变形 3. 定期上蜡抛光，延长使用寿命 4. 巧搬轻放，防止脱榫、折断
	餐椅：木椅、扶手椅、儿童椅等	
	工作台：是餐厅在用餐期间为宾客服务的基本设施	
服务车	手推车、客前烹制车、切割车、开胃品车、奶酪车、咖啡和茶水车、甜品车、餐后酒车、送餐车等	1. 保持干净无尘 2. 金属部分防止生锈，车轮正常运转
电器设备	清洁器具、制冷设备、空调设备、视听设备、小型电器设备等	电器设备要求每天检查是否能正常使用，杜绝短路等安全事故

任务实训

根据表 5–4 中所列任务完成以下实训工作。

表 5–4 实训工作

序　号	任　务	介绍其用途及清洁、保养要求
1	餐桌的常见规格识别	
2	工作台的物品配备	
3	各式服务车的识别	
4	各类电器设备的识别	

任务评价

分小组对餐厅常见设备设施的识别进行考核，由组长对组内成员进行评价。

考核内容	考核要点	考核情况			有关问题记录
		优秀	合格	不合格	
检查餐用设备	1. 检查餐用设备 2. 操作符合安全要求				
识别餐用设备	1. 各类餐用设备的名称 2. 各类餐用设备的用途				
设备存放	存放与摆放情况				

拓展延伸

无人餐厅

继无人超市之后，无人餐厅也来了，杭州街头的第一家无人餐厅开业了。客人使用手机淘宝或者支付宝扫码可直接进店点餐。餐厅里没有点菜员、没有收银员，全程智能点餐，刷脸支付。

项目二　人员管理

情景导入

小谢是温泉宾馆中餐厅的一名资深主管，近期她负责新进员工的入职培训工作。事前她准备了很多培训内容，包括餐厅的组织结构、餐厅的岗位设置、餐厅员工的工作职责以及酒店的福利待遇等。

餐饮部是人员非常密集的部门，分工细，岗位多，如何加强对员工的人员管理呢？

任务一　餐饮部组织结构

任务描述

作为餐饮部楼面服务员的新员工，小琪已经上班两个星期了，她基本认识了餐厅的主管领班、经理以及其他同事。不过作为五星级酒店的餐饮部，人事关系可不是这么简单的，那么，餐饮部还有哪些岗位和人员呢？

任务目标

认识大、中、小型餐饮企业的组织结构和岗位设置；熟悉大型酒店餐饮部各岗位的岗位职责。

任务准备

餐饮部的组织结构是协调各岗位之间的组织网络，是餐饮企业的综合服务系统。根据餐饮部规模的不同，餐饮部组织结构也不尽相同。

一、组织结构

（一）小型饭店餐饮部组织结构

结构设置比较简单，分工比较粗，往往一个岗位需要负责多方面的工作。这种结构适用于普通的、有一定规模和档次的社会餐馆或酒楼型餐饮企业，如图 5–1 所示。

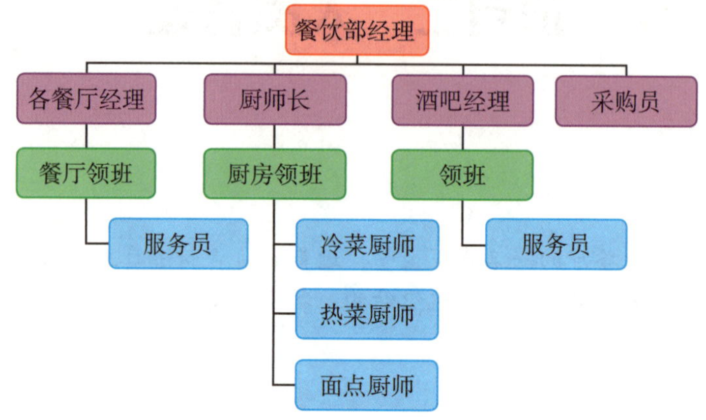

图 5–1　小型饭店餐饮部组织结构图

（二）中型饭店餐饮部组织结构

特点是餐饮功能比较齐全，分工比较细，特别是星级饭店，无论是功能的配置还是业务范围都相对较全面，不但有设备齐全的中餐厅、宴会厅，酒吧、西餐厅等也都一应俱全，如图 5–2 所示。

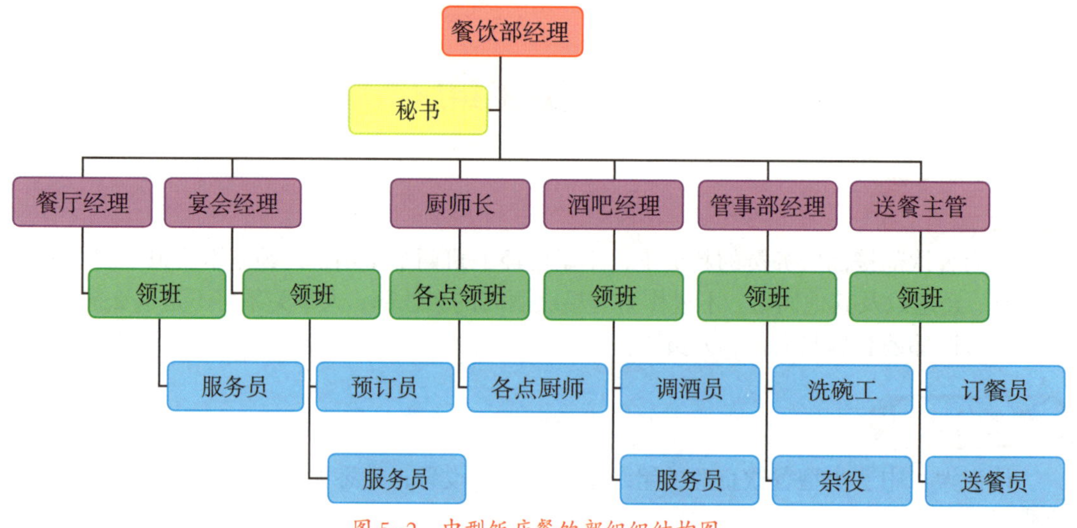

图 5–2　中型饭店餐饮部组织结构图

（三）大型饭店餐饮部组织结构

大型饭店档次较高，餐饮设施齐全，经营范围广，因此组织结构层次较多，分工更加细。在高层管理上设立餐饮总监，全面管理餐饮部的运营工作，如图 5–3 所示。

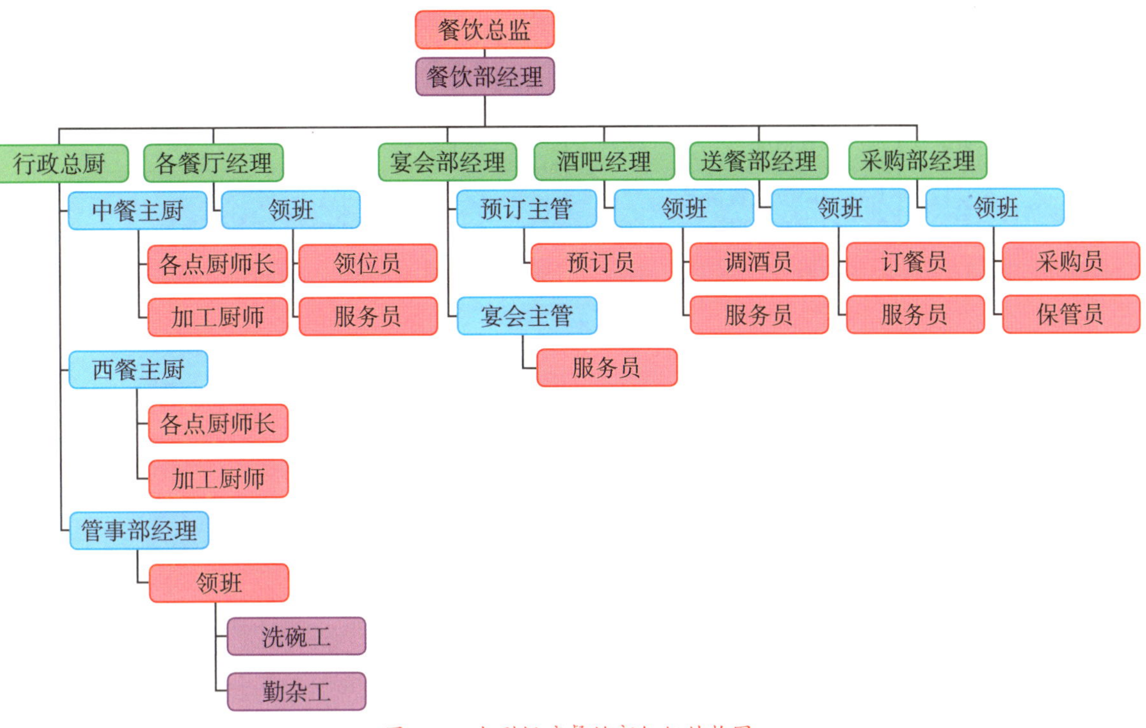

图 5-3　大型饭店餐饮部组织结构图

二、岗位职责书

岗位职责书一般包括以下内容：

（1）岗位名称：如餐厅经理、主管、领班、迎宾员、服务员等。

（2）所属部门：主管部门。

（3）直接上司、下属：该职位的主管，应向其汇报工作，明确管理层次。

（4）岗位目的：此岗位的设置为酒店带来哪些效益。

（5）基本职责：是岗位职责书的主要部分，列明该职位的主要工作任务和部门对其的要求。

（6）权力：标明该职位在多大的范围内和程度上拥有指挥权、监督权，这是和所担负的责任成正比的，是其完成基本职责的保证。

任务实训

（1）说说大、中、小型餐饮企业的组织结构。

（2）以中山温泉宾馆为例，分析餐饮部各岗位的关系及工作职责。

任务评价

根据大型餐饮企业的组织结构图，分小组进行角色扮演，组织召开部门例会。每小组为一个部门，由组长对组内成员进行评价。

考核内容	考核要点	考核情况			有关问题记录
		优秀	合格	不合格	
组织结构图	部门设置情况				
部门例会	1. 部门岗位设置情况 2. 岗位职责情况				
主持人技能	1. 语言 2. 掌握要点				

拓展延伸

（1）各小组设计一张本部门例会的思维导图。

（2）认识本地高星级酒店餐饮部的组织结构。

任务二　激励与培训

任务描述

小王升任主管一年半了，适逢季度总结，他计划对本季度表现突出的服务员进行表彰，同时对部门员工开展有针对性的培训。

任务目标

掌握酒店餐厅常见的激励手段；熟悉酒店餐厅培训的形式及方法。

任务准备

随着就餐观念的变化，如今人们越来越重视餐厅的服务水平，甚至把服务水平的高低作为选择餐馆的重要依据。因此，提升服务水平是投入少、见效快的主要手段。提升服务水平的主要手段有激励和培训等。

一、激励

美国管理学家贝雷尔森（Berelson）和斯坦尼尔（Steiner）给激励下了如下定义："一切内心要争取的条件、希望、愿望、动力都构成了对人的激励——它是人类活动的一种内心状态。"

有效的激励会点燃员工的工作激情，使他们的工作动机更加强烈，服务自然就会更加主动、周到、热情。常见的激励手段如表 5-5 所示。

表 5–5　常见的激励手段

序　号	激励手段	具体内容
1	物质激励	（1）提高员工的工资和福利待遇；（2）带薪小假期；（3）购买员工保险；（4）重大节日的公司礼品、礼券；（5）生日蛋糕及餐券；（6）疾病专项基金；（7）教育津贴；（8）离职补偿；（9）绩效工资；（10）员工持股计划；（11）奖励旅游；（12）购房置车无息贷款
2	精神激励	（1）员工参与管理；（2）员工俱乐部；（3）榜样激励：给予一定的荣誉、提级、升职等；（4）培训激励；（5）工作激励：分配恰当的工作，人尽其才，最大限度激发员工的工作热情；（6）情感激励

二、培训

根据员工工作时间的长短、工作态度、工作能力等的不同，餐厅常开展的培训主要有以下几类，如表 5–6 所示。

表 5–6　培训类型

序　号	培训类型	具体内容
1	入职培训	新入职员工在上岗前接受的培训，培训的内容包括：（1）酒店概况；（2）员工手册；（3）生活设施；（4）工作岗位及职责；（5）规章制度；（6）职业道德，如仪容仪表、礼节礼貌
2	在岗培训	在职员工以提高本岗位工作能力为主的不脱产的培训活动，培训内容以岗位工作所需的知识、技能为主，有针对性
3	转岗培训	因工作需要或其他原因将餐饮员工从一个岗位转向另一个岗位，为了使转岗人员尽快适应新的工作而进行的培训活动
4	晋级培训	餐饮员工提拔到更高职位前，为了使晋升人员的能力达到晋升职位的要求而进行的培训活动
5	脱产培训	让受训人员暂时离开工作岗位，接受有计划、有系统的培训，多用于管理人员或优秀员工

任务实训

请你以小王的身份，对下列员工进行恰当的激励和培训：

（1）服务员小琪在本季度的工作中，因为服务细心、周到，多次受到客人的口头表扬。

（2）餐厅近期接收了一批实习生，根据实习生情况制订部门入职培训计划。

（3）餐厅推出了新的点菜系统，经过一段时间的使用，发现个别员工会操作失误，为此小王计划针对出现的问题进行业务培训。

任务评价

考核内容	考核要点	考核情况			有关问题记录
		优秀	合格	不合格	
激励手段	恰当使用激励手段对员工进行有效激励				
培训类型	恰当制订行之有效的培训计划				

拓展延伸

关爱员工计划

某集团是全球最大的饭店及娱乐休闲集团之一，以其饭店的高档豪华著称。集团非常重视“寻找身边的榜样”，推出独特的政策——关爱奖励。

奖励认可包括：

（1）关爱酒店生意杰出奖。这一奖励授予那些因出色行为、表现、创新等对酒店有突出贡献的员工。

（2）关爱客人杰出奖。这一奖励授予那些在关爱客人过程中有突出行为或表现的员工。

（3）关爱同事杰出奖。这一奖励授予那些在关爱同事过程中有突出行为或表现的员工。

项目三 餐饮服务质量管理

情景导入

最近餐厅詹经理忙得焦头烂额，这边刚把一肚子火的客人安抚完，那边主管又来求救。他就像个消防员一样到处“灭火”，究其原因主要是近期正值年末宴请的高峰期，餐厅太忙，员工因高强度工作身心俱疲，已无法保证优质的服务，所以客人的投诉越来越多。

如果你是詹经理，如何提高餐饮服务的质量？

任务一 餐饮服务质量管理的内容

餐饮服务质量是指餐饮部以其所拥有的设备设施为依托，为客人提供的服务适合和满足客人生理和心理需求的程度。

任务描述

詹经理安排小琳协助他实施提高服务质量的计划，小琳首先得熟悉餐饮服务质量管理的具体内容。

任务目标

了解餐饮服务质量管理的具体内容及重要意义。

任务准备

餐饮服务是有形产品和无形劳务的有机结合，餐饮服务质量则是有形产品质量和无形劳务质量的完美统一，它们构成了完整的餐饮服务质量内容，如表 5-7 所示。

表 5-7 餐饮服务质量管理的内容

序 号	要 素	具体内容
1	有形产品质量	（1）餐饮设施设备的质量 （2）餐饮实物产品的质量 （3）服务环境质量
2	无形劳务质量	仪容仪表、礼节礼貌、服务态度、服务技能、服务效率、安全卫生

任务实训

分小组进行角色扮演，模拟对客服务，体会优质服务、随意服务带给客人的不同心理感受。

任务评价

考核内容	考核要点	考核情况			有关问题记录
		优秀	合格	不合格	
餐饮设施设备	完好无损				
环境卫生与安全	干净、卫生、舒适				
仪容仪表	大方得体				
礼节礼貌	有礼有节				
服务态度	积极主动				
服务效率	高效的服务				
服务技能	娴熟				

案例讨论

服务太热情也有错吗？

田先生陪着一位客人到某酒店的中餐厅用餐。点菜后，服务员小青按服务程序，铺餐巾，摆碗碟、酒杯，备茶水，递毛巾，又为他们倒啤酒。当汤上来后，小青便为他们盛汤，盛了一碗又一碗。小青在服务期间满脸微笑，手疾眼快，一刻也不闲着：上菜后即刻布菜，皮壳多了就换骨碟，手巾用过了忙换新的，米饭没了赶紧添加……在两位客人旁边忙上忙下，并不时礼貌地询问两位还有什么需要。可客人悄悄地对田先生说：“这里的服务太热情了，忙得让人有点透不过气来。田先生，我们还是赶快吃完走吧。”

讨论：

1. 为什么服务太热情也有错？
2. 认真思考有哪些客人是不需要过分热情的服务的。
3. 如何提供“投其所好，恰到好处”的服务？

任务二　餐饮服务质量的控制

广义上的餐饮服务质量包含三要素：设施设备、实物产品和服务。狭义上的餐饮服务质量指的是餐饮劳务服务的质量，纯粹指由餐厅服务员的服务劳动所提供的、不包括实物形态部分所提供的价值。

任务描述

为了提升餐厅整体的服务质量，餐厅近期开展了一系列的整改工作，分别安排当班经理对餐饮服务过程进行质量把控。詹经理今天上早班，他计划对员工的餐前准备进行严格的质量监控，及时发现问题并解决。

任务目标

掌握餐厅服务质量控制的方法；分阶段对餐饮服务的全过程进行质量监控；灵活处理服务过程中发生的问题。

任务准备

餐饮服务过程一般可划分为三个阶段——餐前准备、餐中服务和餐后服务，餐饮服务质量的控制可以按照服务顺序相应地分为预先控制、现场控制和反馈控制，如表 5-8 所示。

表 5-8　餐饮服务质量控制的方法

序　号	控制的方法	具体要求
1	餐饮服务质量的预先控制（餐前准备）	人力资源、物质资源、卫生质量与事故的控制
2	餐饮服务质量的现场控制（餐中服务）	（1）服务程序的控制 （2）上菜时机的控制 （3）意外事件的控制 （4）开餐期间的人力控制
3	餐饮服务质量的反馈控制（餐后服务）	由内部系统（餐后总结会）和外部系统（宾客意见反馈）构成

任务实训

分小组进行角色扮演，模拟餐中对客服务，体会优质服务带给客人的心理感受。

任务评价

考核内容	考核要点	考核情况			有关问题记录
		优秀	合格	不合格	
仪容仪表	大方得体				
礼节礼貌	有礼有节，让客人感受到重视				
服务态度	积极主动				
服务效率	高效的服务				
服务技能	娴熟				

案例讨论

晚上7:30，两位客人来到饭店餐厅吃饭，他们一共点了四道菜，便吩咐服务员上菜。

7:40，四道菜已整整齐齐地摆在客人的餐桌上，客人一边品尝菜肴，一边闲聊着，似乎兴致很好。“这儿上菜速度真够快的，只要十分钟的功夫，四道菜都上齐了。”“来来来，先尝尝这道白灼虾如何？”客人笑嘻嘻地吃虾。忽然，客人脸上的笑容不见了，他们再仔细看看餐桌上的虾，显出很气愤的样子，责问在旁的服务员小顾：“小姐，这虾一点都不热，是不是早就烧好，等我们来吃啊？”另一位也附和：“是啊，你看这虾色泽深浅不匀，光泽偏暗，要么是剩虾活虾混在一起，要么是剩菜重烹，这样的虾我们不能接受。”

服务员小顾心平气和地说：“先生，我们饭店绝对不会卖死虾的，厨房的出品也总是根据菜单配制烹调的，不可能有剩菜，请先生放心。”客人就是不相信，固执地说：“我们点四道菜，前后上齐只用了十分钟，这里肯定有问题，这样的虾你怎么解释？”

通过倾听客人投诉，小顾很快就意识到问题的关键是客人对活虾烹制后的特征并不了解，要消除客人的疑问，仅仅靠口头解释难以使客人信服，于是，小顾对客人说：“先生，这盘虾是不是活虾烹制的，我先不下结论，请你们随我到餐厅操作台来看看，如何？”征得客人同意后，小顾带客人朝操作台走去，决定以现场操作来解释。

小顾叫服务员取来卡式炉，将鸡汤烧开，然后让厨师拿来一只活虾，在客人面前进行现场烹制，再将此虾与桌面的虾比较，结果，各方面都基本相似。

见状，客人的面色开始缓和，已经相信所食的虾并非死虾，但仍有疑惑。善于察言观色的小顾又热情地对客人说道：“观虾的秘诀在于颈尾，活虾色泽深浅不匀，原因在于生虾本身纹理之粗细不同。”一番内行话说得客人直点头：“原来如此。”双方又恢复了融洽的气氛。

讨论：这个案例的成功之处有哪几方面？

参考文献

[1] 徐溢艳，周显曙 . 餐饮服务与管理 . 北京：清华大学出版社，2016.
[2] 王利荣，刘秋月，汪珊珊 . 中餐服务 . 2 版 . 北京：清华大学出版社，2019.
[3] 殷安全，刘容 . 中餐宴会摆台 . 2 版 . 重庆：重庆大学出版社，2023.
[4] 邓敏 . 餐饮服务与管理 . 2 版 . 北京：旅游教育出版社，2017.
[5] 曾小力 . 饭店管理概论 . 广州：广东旅游出版社，2009.
[6] 董家彪，卿琳 . 餐饮服务与管理 . 北京：旅游教育出版社，2015.
[7] 何丽萍 . 餐饮服务与管理 . 2 版 . 北京：北京理工大学出版社，2017.
[8] 谢丽英 . 餐厅领班 . 北京：中国铁道出版社，2014.
[9] 吕艳芝，朱玉华 . 饭店服务礼仪标准培训 . 北京：中国纺织出版社，2014.
[10] 张敏杰，蓝山 . 把餐饮做大做强的经典礼仪读本 . 广州：广东旅游出版社，2014.
[11] 王冬琨 . 酒店服务礼仪 . 2 版 . 北京：清华大学出版社，2019.
[12] 纪亚飞 . 优雅得体中西餐礼仪 . 北京：中国纺织出版社，2014.
[13] 张秋埜 . 酒店服务礼仪 . 3 版 . 杭州：浙江大学出版社，2023.
[14] 黄文静，向梦知 . 服务礼仪 . 北京：中国财富出版社，2014.
[15] 林洁，尹正江 . 西餐服务教程 . 长沙：湖南大学出版社，2013.
[16] 杜建华，赵年顺 . 酒店餐饮服务技能实训 . 北京：北京交通大学出版社，2013.
[17] 郭莉 . 餐饮服务与管理实训技能指导 . 天津：天津大学出版社，2016.
[18] 浙江省教育厅职成教教研室 . 西餐服务 . 北京：高等教育出版社，2010.
[19] 党春艳，王仕魁 . 西餐服务与管理 . 杭州：浙江大学出版社，2016.
[20] 汪珊珊 . 西餐零点服务 . 北京：高等教育出版社，2013.
[21] 刘敏 . 中西餐服务知识与服务技能 . 北京：旅游教育出版社，2014.
[22] 刘玉双 . 餐厅服务员盘花折叠实景图解 . 北京：中国劳动社会保障出版社，2015.
[23] 毛慎琦 . 餐饮服务技能实训 . 北京：机械工业出版社，2013.
[24] 陈燕航 . 西餐服务 . 北京：中国人民大学出版社，2014.
[25] 汪珊珊 . 西餐与服务 . 北京：清华大学出版社，2011.
[26] 谢浩萍 . 餐饮服务与管理 . 上海：华东师范大学出版社，2014.